FACULTÉ DE DROIT DE TOULOUSE

DROIT ROMAIN

CONDITION DE L'ENFANT NATUREL

(DE SPURIIS)

DROIT FRANÇAIS

DES ENFANTS ASSISTÉS

THÈSE POUR LE DOCTORAT

PRÉSENTÉE

Par Paul BAYLAC

TOULOUSE
IMPRIMERIE SAINT-CYPRIEN
27, ALLÉES DE GARONNE, 27

1895

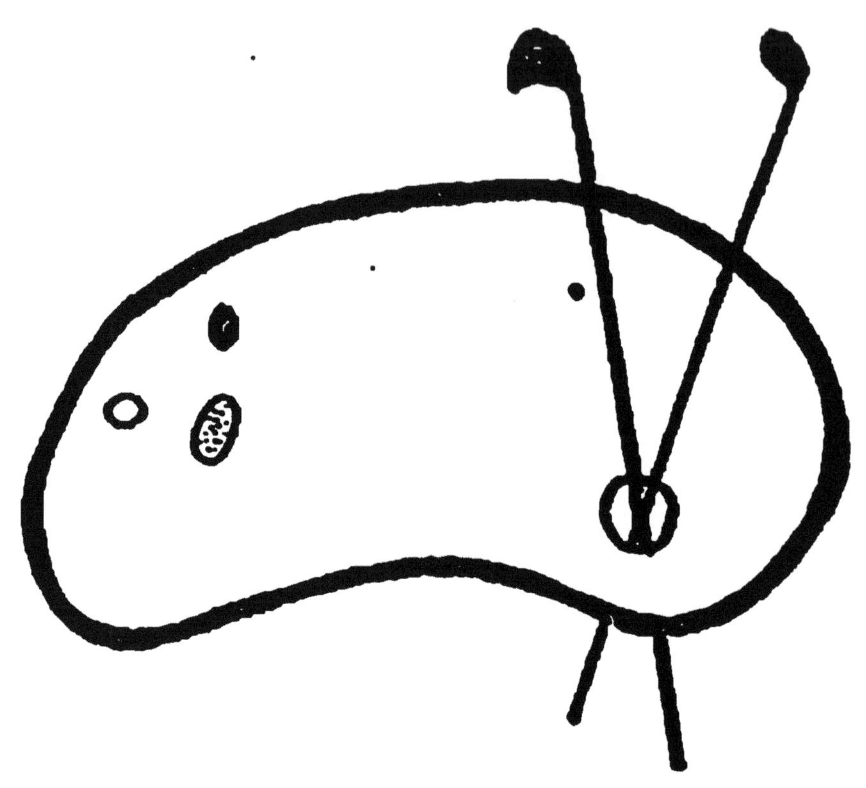

FIN D'UNE SERIE DE DOCUMENTS
EN COULEUR

FACULTÉ DE DROIT DE TOULOUSE

DROIT ROMAIN

CONDITION DE L'ENFANT NATUREL

(DE SPURIIS)

DROIT FRANÇAIS

DES ENFANTS ASSISTÉS

THÈSE POUR LE DOCTORAT

PRÉSENTÉE

Par Paul BAYLAC

TOULOUSE

IMPRIMERIE SAINT-CYPRIEN

27, ALLÉES DE GARONNE, 27

1895

FACULTÉ DE DROIT DE TOULOUSE

PRÉSIDENT DE LA THÈSE : M. DESPIAU.

SUFFRAGANTS { MM. DELOUME.
VIDAL.
HAURIOU.

La Faculté n'entend approuver ni désapprouver les opinions particulières du candidat.

BIBLIOGRAPHIE

DROIT ROMAIN

ACCARIAS : *Précis de droit romain.* — D'AGUESSEAU : *Dissertation sur les bâtards* opera t. VII.

BONNIER, sur ORTOLAN : *Explication historique des institutes*, 1883, II. 12 éd.

CUJAS : *Opera ad codicem.* — CUQ (Edouard) : *Institutions juridiques des Romains.*

DAREMBERG et SAGLIO : *Dictionnaire des Antiquités*, v^is *Comitia et concubinatus.* — DEMANGEAT : *Cours élémentaire de droit romain.* — ESMEIN : *Mélanges d'histoire du droit.*

Paul GIDE : *Condition de l'enfant naturel et de la concubine dans la législation romaine*, nouvelle revue historique, 1880. — CH. GIRAUD : *Histoire du droit de propriété* ; *Journal des Savants*, mars 1880.

HEINECCIUS : *Ad legem Juliam et Pappiam Poppæam commentarius*, lib. I, cap. IV, opera, t. VII.

IHERING : *l'Esprit du droit romain.*

LABBÉ sur ORTOLAN : op. cit. — LOISEAU : *Traité des enfants naturels.*

MISPOULET : *Etudes d'institutions juridiques ; Institutions politiques des Romains.* Vol. 1. — MOMMSEN : *Les Tribus romaines.* — MUIRHEAD : *Introduction historique au droit privé de Rome*, trad. BOURCART.

PILETTE : Lettre à M. DE ROZIÈRE sur le concubinat chez les Romains, revue historique de droit français et étranger, t. XI, 1865. — POTHIER : *Pandectæ Justinianeæ.*

RIVIER (Alphonse) : *Traité élémentaire des successions à cause de mort en droit romain.*

TROPLONG : *De l'influence du christianisme sur le droit civil des Romains.*

DROIT FRANÇAIS

BÉQUET : *Répertoire de droit administratif, v° Assistance.* — BONDE : *Condition civile des enfants abandonnés.* — BLOCH : *Dictionnaire de l'administration française, v° Assistance.* — BOURCART : Note dans Sirey, 1891, 2, 17.

CHARMONT : *Etude sur la loi du 24 juillet 1889, dans la revue critique,* 1891. — CRISENOY (DE) : *Questions d'assistance dans les conseils généraux.*

DALLOZ : *Répertoire, v° Secours publics.* — DELOYNES : Note dans Dalloz, 1891, 2, 73. — DIDIER (Louis) : *Etude sur la loi du 24 juillet 1889 ; J. le Droit des 31 déc. 1890 et 1er janv. 1891.* — DIDIERJEAN : *Les Enfants assistés.*

Economiste (l') français, passim.

GÉRANDO (DE) : *De la bienfaisance publique ; Grande Encyclopédie, v° Assistance.*

Journal de l'Economiste, passim.

LÉON LALLEMAND : *Histoire des enfants abandonnés.*

Pandectes françaises, v° Assistance. — PEYRON : *Rapports au préfet de la Seine sur le service des enfants assistés et des enfants moralement abandonnés, de l'année 1887 à l'année 1894.* — *Publications du conseil supérieur d'assistance, fascicules.*

Rapports de l'inspecteur départemental de la Haute-Garonne, 1893. — REMACLE : *Des hospices d'enfants trouvés.* — *Revue des établissements de bienfaisance,* année 1888 et suiv. — ROUSSEL : *Rapport sur la protection de l'en-*

fance dans quelques pays étrangers. J. off. doc. parl. 1883, p. 581 et suiv.

SEMICHON : *Les enfants assistés*. — STRAUSS : *Rapports au Conseil général de la Seine*, 1887-1892. — TESTOUD (CH.) : *Contrôle de la puissance paternelle*, *Revue critique*, 1891. — THULIÉ (Henri) : *Colonisation de l'Algérie par les enfants assistés*. — *Travaux du Congrès international d'assistance*, 1889.

WATEVILLE (DE) : *Législation charitable ; Rapport sur les tours, abandons, infanticides et mort-nés*.

Plusieurs de ces ouvrages ont été mis à notre disposition par l'obligeance de M. le docteur CAUBET, ancien doyen de la Faculté de médecine.

Nous le prions de vouloir bien agréer le témoignage de notre très vive et très respectueuse reconnaissance.

DROIT ROMAIN

CONDITION DE L'ENFANT NATUREL

DE SPURIIS

INTRODUCTION

I. Des différentes sortes d'enfants illégitimes a Rome. — II. Des liberi injusti. — III. Des liberi naturales. — IV. Des Spurii. — V. Origine de la dénomination générique : Spurii.

Dans notre droit moderne, on appelle « enfant illégitime » ou « enfant naturel », celui qui est né, hors mariage, d'une union non reconnue par la loi. Peu importe que ses auteurs aient cohabité pendant de longues années ou non, que l'homme ait eu pour sa compagne les égards et le respect dus à une épouse ou qu'il en ait fait seulement l'objet de son caprice; aux yeux de la loi demeurée étrangère à cette alliance, la situation de l'enfant qui en est le fruit, est absolument la même, l'enfant est naturel; la vie commune menée par ses parents et la considération avec laquelle ils se traitaient ne sauraient lui constituer une sorte de demi-légitimité; la légitimité ne peut résulter que d'un mariage.

I. — A Rome, au contraire, nous trouvons plusieurs sortes d'enfants illégitimes; et, chose curieuse, l'enfant illégitime pouvait naitre d'une union parfaitement légitime. Cet état de choses était la conséquence d'une législation qui, en dehors des justes noces, produisant seules la légitimité, reconnaissait plusieurs sortes de mariages inférieurs dont les caractères étaient dissemblables; d'où la nécessité de différencier les enfants qui naissaient de ces unions et de leur consacrer une dénomination spéciale.

Avant d'étudier ces qualifications diverses, il est naturel de se demander comment les Romains avaient été amenés à établir plusieurs sortes d'unions; pour quelles raisons la loi qui les reconnaissait toutes leur faisait-elle produire des effets différents? Les causes de ce fait sont d'ordre purement politique.

Les *justæ nuptiæ* n'étaient possibles qu'entre personnes jouissant du *connubium*. On appelait ainsi le droit de se marier suivant les règles du droit civil. Or, ce droit était le privilège du citoyen romain, seul capable d'acquérir la puissance paternelle (1). Les *justæ nuptiæ* étaient donc défendues, inaccessibles aux esclaves, aux Latins, aux pérégrins, aux barbares, tous dépourvus du *connubium*. A ces prohibitions, conséquences de l'organisation des *justæ nuptiæ*, il faut en ajouter d'autres que les différences de classe firent établir, et qui, pendant longtemps, empêchèrent cette union entre patriciens et plébéiens, ingénus et affranchis, et, jusque dans le dernier état du droit romain, entre affranchis et personnes illustres.

D'un côté, il eût été puéril de défendre toute union, toute association à ces incapables; on aurait vainement combattu une des aspirations les plus élevées et les plus impérieuses du cœur de l'homme, le besoin de se créer une famille. D'un autre côté, il eût été injuste de confondre avec le libertinage et la débauche, de regarder comme immorales, des unions offrant la stabilité et la dignité des justes noces; la loi aurait souvent méconnu la volonté des parties. Elle a donc été obligée de les reconnaitre comme valables et d'y attacher certains effets. Ainsi s'explique l'existence

(1) Ulp., Reg., V, §§ 4 et 5.

de ces unions régulières, qui sont au nombre de deux : le *matrimonium injustum* et le *concubinatus*.

II. — Tous les enfants illégitimes étaient appelés *injusti ;* mais cette expression désignait spécialement ceux issus du *matrimonium injustum*.

Du « Matrimonium injustum ».

Le *matrimonium injustum* était le mariage parfaitement légitime contracté par des pérégrins ou par un romain et un pérégrin ; c'était le mariage du droit des gens. Aussi engendrait-il l'obligation de fidélité (1). Seulement, en cas d'adultère de la part de la femme, le droit d'accusation du mari, en cette circonstance, n'était pas aussi fort que lorsqu'ils étaient unis par les *justæ nuptiæ*. La femme devenait l'égale de son mari, mais elle n'acquérait ni sa nationalité, ni son domicile (2). Les enfants avaient pour père le mari (la maxime : *pater is est quem nuptiæ demonstrant*, s'appliquait ici), mais ils n'étaient pas placés sous sa puissance ; ils suivaient la condition de leur mère (3).

Pour contracter les *justæ nuptiæ*, les futurs époux auraient dû avoir la *civitas*. Le jour où Caracalla concéda ce droit de cité à tous les habitants de l'empire, le *matrimonium injustum* disparut et se confondit avec le *matrimonium justum*.

III. — En outre des *liberi injusti*, il y avait encore les *liberi naturales*, c'est-à-dire ceux nés d'une concubine.

Du Concubinat. — Le Concubinat consistait dans

(1) L. 13, § 1, D., 48, 5.
(2) L. 37, § 2, D., 50, 1.
(3) Cette règle souffrait exception dans le cas de mariage entre une romaine et un pérégrin ; pour empêcher de telles unions, une loi *Minicia* avait décidé que l'enfant dont l'un des auteurs serait étranger, serait lui-même étranger. Ulp., R., V, § 8.

une union de fait entre deux personnes menant une vie commune. Pendant longtemps, cette association n'eut aucun caractère légal ; cependant elle était très fréquente, à cause même des prohibitions qui rendaient le mariage impossible entre les diverses classes de citoyens (1). A la fin de la République, elle était tellement entrée dans les mœurs, qu'Auguste en reconnut la légalité. C'est ce que signifie un texte de Marcien ainsi conçu : *Concubinatus per leges nomen assumpsit* (2). Par l'expression *leges*, le jurisconsulte veut parler des lois caducaires portées par Auguste afin de mettre un terme à la licence et d'augmenter la population de l'Empire. La corruption et la guerre civile avaient considérablement amoindri le nombre des citoyens. Le seul remède à ce mal était le mariage, union à la fois morale et féconde. Pour encourager ses sujets à convoler en justes noces, l'empereur frappa les célibataires d'incapacités nombreuses de recueillir et attacha des privilèges, *præmia*, à la paternité ; la loi Julia, *de maritandis ordinibus*, supprima tout empêchement au mariage entre ingénus et affranchis ; toutefois, les *justæ nuptiæ* restaient défendues entre une *persona turpis* (condamnées, comédiennes, proxénètes) et les sénateurs et personnes illustres. Entre ces catégories de gens, seul le concubinat était possible. En le rendant légal, Auguste « conciliait certaines faiblesses avec la nécessité de donner à la République des sujets qui n'eussent pas à rougir de leur naissance » (3). Par son caractère de stabilité et de durée, cette union pouvait être féconde. Aussi, à partir de l'Empire, le concubinat devint-il une sorte de mariage inférieur,

(1) Fustel de Coulanges, *la Cité antique*, p. 280 ; Cicéron, *de Republica*, II, 37.

(2) L. 3, § 1, D., 25, 7.

(3) Troplong, *Influence du christianisme sur le droit civil des Romains*, p. 242.

produisant des effets civils, un semi-matrimonium (1), un mariage morganatique (2), une hémigamie (3).

Telle est l'opinion généralement admise, quoique les auteurs ne sont pas unanimes à l'approuver. D'après une seconde opinion, le concubinat n'était pas autre chose, à Rome, que ce qu'est, chez nous, le concubinage, c'est-à-dire un fait qui n'existe pas aux yeux de la loi et qui n'entraine point de conséquences au point de vue du droit. Mais alors, comment expliquer les textes qui s'occupent de cette union ? Pourquoi le Digeste lui a-t-il consacré un titre (4) ? Le législateur a voulu établir la limite qui sépare le concubinat, fait indifférent, du concubinat constituant une chose honteuse, un *stuprum*, un délit de mœurs. « Dire, comme le font certains textes, que le concubinage est permis dans tels et tels cas, ce n'est pas dire que, dans ces cas, le concubinage est valable et produit des effets civils, c'est dire que, hors de ces cas, le concubinage est interdit et frappé par la loi pénale » (5). Les règles contenues dans le Digeste sont toutes de droit pénal ; elles n'envisagent le concubinat que comme délit ; c'est à ce seul point de vue que la loi s'en occupe.

Nous croyons que cette seconde explication n'est pas exacte et que le concubinat constituait une union légale, reconnue par les lois civiles et religieuses. Pour contracter un concubinat il fallait remplir à peu près les mêmes conditions que pour les justes noces :

(1) Cujas, *Ad Codicem*, VII, 258.
(2) Heineccius, *Elem. juris. germanici*. Ed. de Genève, 1744, t. VI, pp. 149-151.
(3) Ch. Giraud, *Histoire du droit de propriété*, t. II, p. 33, note.
(4) Titre VII, liv. 25.
(5) Paul Gide, *De la condition de l'enfant naturel et de la concubine dans la législation romaine*. Nouvelle Revue historique, 1880, pp. 395-396.

entre ces deux unions, point de différences au point de vue de la puberté (1), de la monogamie (2), des prohibitions entre parents ou alliés (3); comme les *justæ nuptiæ*, le concubinat se formait par le seul consentement des parties; l'intention seule empêchait qu'il y eût mariage. *Concubina ab uxore solo dilectu separatur* (4). Voilà autant de traits communs aux deux unions, autant de règles identiques, quant au fond et quant à la forme.

Considérées dans leurs effets, nous allons voir qu'il y a de nombreuses différences; mais, loin d'être contraires à notre système, ces différences marquent seulement l'infériorité du concubinat par rapport aux justes noces. Ainsi, la concubine n'acquérait ni la condition ni le domicile du concubin (5); son infidélité ne lui faisait point encourir les peines de l'adultère (6); les donations étaient permises; quant à la constitution de dot et aux donations *propter nuptias*, elles restaient le privilège des justes noces.

En outre des ressemblances qui existaient entre le mariage et le concubinat, nous pouvons invoquer un texte déjà cité, qui est péremptoire en faveur de notre système. *Concubinatus per leges nomen assumpsit*, dit Marcien, et nous traduisons : le concubinat reçut un nom, une existence légale; ce fut une union reconnue par la loi. Cette explication, croyons-nous, est seule exacte. — Si, comme on le prétend (7), ce texte désigne le concubinat que la loi ne punit pas, qu'elle

(1) L. 1, § 4, D., 25, 7.

(2) Paul, II, 20; l. 1, C. V-XXVI.

(3) L. 56, D., 23, 2; l. 1, § 3, D., 25, 7.

(4) Paul, Sent., II, 20.

(5) L. 49, § 4, D., 32, 3. Il en fut ainsi probablement parce que les concubines appartenaient presque toujours aux classes inférieures.

(6) L. 13, D., 48, 5.

(7) Gide, *Op. cit.*

tolère, ce texte n'a pas de sens; on ne comprend pas, en effet, que le législateur se soit donné la peine de faire entrer dans la langue juridique un mot qui ne devait s'appliquer qu'à des faits extra-légaux que la loi ignore; qu'il ait créé une expression pour qualifier des faits qui, juridiquement, n'existent pas. Si Auguste avait seulement voulu fixer les cas où il y a délit de mœurs, sa réforme serait nulle, car ces cas sont tellement graves qu'on peut affirmer qu'ils devaient être punis avant l'Empire (1). — Donc, pour que le texte de Marcien ait un sens raisonnable et pour que les lois caducaires aient créé un état de choses nouveau, il faut admettre que le concubinat prit rang au nombre des unions légales.

L'histoire vient confirmer et justifier cette manière de voir. A partir de Constantin, les empereurs combattirent ce genre d'union et s'efforcèrent d'en restreindre le nombre en frappant de déchéances les enfants qui en étaient le fruit; enfin, Léon le Philosophe l'abrogea expressément (2). Cette lutte n'aurait point sa raison d'être, si le concubinat n'avait pas été une institution juridique. Les constitutions impériales ne laissent aucun doute sur ce caractère : la constitution 7 au Code Théodosien, livre IV, titre 6, parle du concubinat comme d'une *legitima conjunctio sine honesta celebratione matrimonii*, et la loi 3 au Code V-27 le qualifie de *inæquale conjugium*.

Enfin, comme dernier argument, nous invoquerons cette institution, créée par les empereurs, que l'on appelle la légitimation par mariage subséquent. C'était un bienfait de la loi, en vertu duquel un enfant issu d'une concubine acquérait la qualité d'enfant légitime

(1) Voir les hypothèses prévues dans les textes suivants : L. 56, D., de R. N., 23, 2; l. 13, § 2, D., 48, 5; l. 1, § 4, D., 25, 7; l. 1, § 3, D., 25, 7; l. 1, C., *de Nupt.*, V, 1.

(2) *Const.*, 91.

par le mariage de ses parents (1). Ce bénéfice ne fut accordé que pour les enfants nés du concubinat et ne fut jamais étendu aux autres enfants nés hors mariage. Cela s'explique par la situation des parents à l'égard de leurs enfants. Dans le concubinat, la paternité était certaine (2); la règle *pater is est quem nuptiæ demonstrant* s'appliquait; le mot *nuptiæ* employé seul ne désigne pas plus les *justæ nuptiæ* que le concubinat, surtout depuis la réforme opérée par les lois caducaires : il peut s'appliquer aux deux unions (3). Comme dans le mariage, il y avait *conjunctio et consortium vitæ*, communauté d'existence. Pour des raisons contraires, la légitimation ne pouvait être étendue aux enfants appelés *vulgo concepti*, dont la filiation paternelle était impossible à établir.

Etant donné l'opinion admise par nous, il en résulte que les enfants nés du concubinat ne sont pas de véritables enfants naturels, au sens moderne du mot (4). Il en est de même de ceux nés du *matrimonium injustum*, qui était une union supérieure au concubinat.

IV. — A côté de ces enfants, il en existait une autre classe, que l'on appelait généralement les *Spurii*. Cette classe se divisait elle-même en deux catégories : les *vulgo concepti* et ceux *ex damnato coïtu nati*. Sous le nom de *vulgo concepti*, *vulgo quæsiti*, on désignait spécialement les enfants dont la naissance ne constituait pas un *stuprum* puni par la loi, comme, par exemple, les enfants des courtisanes; on appelait *ex damnato coitu nati*, ceux qui, au contraire, devaient le jour à une union criminelle, à un mariage nul pour cause d'inceste ou d'adultère. Ils avaient pour

(1) L. 5, C. V-XXVII.

(2) Voir Puchta, *Cursus*, § 105; Accarias, *Précis*, n° 100 et suiv.

(3) Cujas, *Opera*, t. III, cap. 93.

(4) Dans l'opinion contraire, on assimile ces enfants aux *vulgo concepti*.

trait commun de ne pouvoir établir leur filiation paternelle, les *vulgo quæsiti* par la nature même des choses, les autres par la volonté de la loi, qui s'opposait formellement à la constatation de ce fait immoral.

Comme on peut le voir, les *spurii* se rapprochent des enfants naturels tels que les comprend notre législation actuelle ; aussi feront-ils seuls l'objet de cette thèse. Après avoir établi l'origine de leur dénomination générique, nous étudierons la situation qui leur était faite dans la société au point de vue du droit public, les droits et obligations qui leur étaient dévolus dans la famille par le droit privé. Cette étude embrassera la longue période qui va d'Auguste à Justinien.

Sous le droit classique, la situation du *vulgo concepti* et des enfants nés *ex damnato coïtu* fut absolument semblable ; ils étaient soumis aux mêmes règles. Mais à partir de Constantin, ces derniers furent frappés d'incapacités nombreuses par ce prince et ses successeurs. Ils leur firent porter la peine de la faute commise par leurs parents, oubliant qu'ils n'en étaient pas les complices (1).

Par contre, la condition des *vulgo quæsiti* s'améliora de plus en plus, à mesure que les cognats ou parents par le sang se virent attribuer tous les droits dévolus aux agnats selon le droit civil (2).

V. — Nous venons de voir que les enfants naturels à Rome étaient désignés par l'expression générale de *Spurii*. Pourquoi cette appellation ? quelle est son origine ? C'est ce que nous allons rechercher. A ce problème, les auteurs donnent deux solutions différentes.

(1) L. 6, D., 50, 2.

(2) On appelait agnats tous ceux qui descendaient d'un auteur commun et n'étaient point sortis de la famille. Nous donnons plus loin des détails sur ces deux genres de parenté : l'agnation et la cognation.

D'après certains jurisconsultes, le mot *spurius* viendrait du grec. Telle est l'opinion de Gaius qui dit : *unde solent spurii filii appellari vel a græcâ voce quasi σποράδην concepti vel quasi sine patre concepti* (1). Isidore, dans ses *Orig.*, livre IX, titre 5, dit également : « *Item spurius patre incerto matre vidua genitus, velut tantum spurius filius, quia muliebrem naturam, veteres spurium vocabant, velut* ἀπο του σπορου, *hoc est seminis, non patris nomine.* » Le Digeste, dans plusieurs de ses textes, accepte cette solution, en employant le mot *spurius* comme synonime de *vulgo conceptus, sine patre natus* (2).

Une seconde explication, plus véritable, plus exacte à notre sens, est fournie par Plutarque (3). Cet auteur pense que le nom générique de *spurius*, donné à tous les bâtards, provient de la confusion que l'on a faite entre les deux sens qui pouvaient être donnés à l'abréviation S. P.

Le mot *Spurius* était, à la fin de la République, un prénom romain n'ayant aucun rapport avec l'état civil de l'individu qui le portait. Ce prénom s'indiquait d'abord par la première lettre S, et plus tard par les lettres S. P.

D'un autre côté, on désignait aussi par la même abréviation S. P. la situation de ceux qui légalement n'avaient pas de père, les bâtards ; mais, dans ce cas, les lettres S. P. voulaient dire *sine patre* et elles avaient pour but de marquer l'absence de filiation paternelle.

L'identité d'abréviation a amené la confusion des deux sens et a fait appeler *spurius* celui qui n'avait pas de père ; de là est née l'expression générique de *spurii*.

(1) Gaius, I, § 64.
(2) L. 23, D., 1, 5 ; l. 25, D., 40, 15 ; l. 20, § 1, D., 22, 3.
(3) *Quæst. rom.*, 103.

Cette explication très judicieuse est confirmée par des études épigraphiques récentes (1). Si l'on examine des inscriptions qui datent de l'époque de Cicéron, on voit que le mot *spurius* est toujours pris comme prénom; dans les inscriptions qui remontent à l'empire, le même terme n'est plus qu'un qualificatif s'appliquant à tous les enfants nés hors mariage (2).

(1) Mispoulet, *Études d'institutions romaines*, pp. 251 et suiv.
(2) Mispoulet, *Op. citat.*, p. 256.

CHAPITRE PREMIER

Condition du « spurius » au point de vue du droit public.

I. LE « SPURIUS » NAISSAIT TANTÔT LIBRE, TANTÔT ESCLAVE. — II. LIBRE, IL ÉTAIT CITOYEN ROMAIN. — III. DU « JUS HONORUM ». — IV. DU « JUS SUFFRAGII ».

I. La société romaine se composait de deux grandes classes de personnes : les personnes libres et les personnes esclaves. Quelle était la règle pour déterminer la catégorie à laquelle devait appartenir un nouveau-né ? L'enfant né de justes noces suit la condition de son père ; hors ce cas, l'enfant suit la condition de sa mère ; cette condition s'envisageait au moment de l'accouchement. Appliquant cette règle au *spurius*, nous voyons qu'il était esclave si sa mère avait conçu esclave et l'était demeurée durant toute sa grossesse ; au contraire, né d'une femme libre ou d'une femme affranchie pendant sa grossesse, il était lui-même libre.

Laissons de côté le cas où l'enfant naturel naît et demeure esclave, cet état n'offrant aucun intérêt.

II. Affranchi ou ingénu, l'enfant naturel était citoyen romain. Avait-il, en cette qualité, la jouissance et l'exercice des droits politiques : le *jus honorum* et le *jus suffragii* ?

III. Pour ce qui concerne le *jus honorum*, la législation ne fut pas toujours la même. Aux premiers siècles de la République, les honneurs n'étaient accessibles qu'aux descendants d'ingénus (1). Affranchi, l'enfant naturel était donc exclu de toute charge; les honneurs municipaux eux-mêmes lui sont interdits (2), il n'avait pas le *jus honorum*. Ingénu, il ne pouvait pas davantage aspirer aux honneurs; il lui manquait des ancêtres, des aïeux ayant eux-mêmes joui de l'ingénuité; il ne se rattachait qu'à sa mère, qui constituait toute sa famille.

Plus tard, sous l'Empire, les conditions furent moins rigoureuses; il suffisait d'être ingénu pour pouvoir être investi d'une fonction publique; les *spurii* qui possédaient cette qualité eurent donc la faculté de briguer les honneurs (3). Toutefois, il y a un texte au Digeste, la loi 14, § 3, 50-4 *de Muneribus et honoribus*, qui ferait croire que la naissance naturelle était, à cette époque, une cause d'exclusion. Cette loi dit, en effet : *de honoribus sive muneribus gerendis cum quæritur, in primis consideranda persona est ejus, cui defertur honor, sive muneris administratio, item origo natalium*. Cette difficulté disparait par l'examen de la loi 3, § 3, au titre de *decurionibus*... Ce texte prévoit l'hypothèse où deux personnes, l'une enfant légitime et l'autre enfant naturel, prétendent à la même charge, et il déclare que l'enfant légitime doit être préféré; la naissance naturelle a donc été une cause d'infériorité. Il est probable que c'était le seul cas où la qualité de *spurius* portait préjudice à celui qui en était atteint (4).

IV. Quelle était la situation du *spurius* au point de vue du *jus suffragii?* La question est délicate et

(1) Mispoulet, *Inst. polit.*, I, § 21.
(2) L. *Unic.*, C., 9, 21.
(3) L. 6, D., 50, 2.
(4) D'Aguesseau, *Dissertation sur les bâtards*, tome VII, p. 385. Edit. de 1772.

d'autant plus difficile à résoudre que les textes sont muets.

D'après un auteur célèbre, Mommsen, les *spurii* étaient frappés de déchéance. A cause de l'irrégularité de leur naissance, on ne leur accordait qu'un droit de suffrage restreint ; assimilés aux affranchis, ils étaient, comme eux, relégués dans les tribus urbaines (1), particulièrement dans la Collina (2).

Ce système ne nous paraît pas acceptable ; nous lui préférons la solution adoptée par M. Mispoulet (3). Comme cet auteur, nous distinguerons les bâtards ingénus des bâtards affranchis. Les affranchis, ainsi que tous les autres *libertini*, étaient classés dans les tribus urbaines et n'avaient qu'un droit de suffrage restreint. Mais ce n'est pas, comme l'a cru Mommsen, leur qualité de bâtard qui leur assignait cette place, c'était leur condition d'affranchi. Ce qui le prouve bien c'est qu'aux inscriptions citées par Mommsen et qui, toutes, placent le *spurius* dans les tribus urbaines, M. Mispoulet en oppose d'autres qui prouvent que les bâtards pouvaient appartenir aux tribus rustiques. Dans ce dernier cas, il ne s'agissait pas de bâtards affranchis mais assurément de bâtards ingénus qui avaient comme tels un droit de vote complet. Cette

(1) Le peuple romain était divisé en tribus; on [illegible] distinguait deux sortes : les tribus rustiques et les tribus urbai[illegible] nombre des tribus était primitivement de vingt-un; il fut élevé plus tard à trente-cinq. Convoquées par les *magistratus populi*, elles se réunissaient en comices. Chaque tribu n'avait qu'un suffrage; mais n'étant point égales en nombre, ce droit de suffrage n'était pas le même pour toutes : ainsi les quatre tribus urbaines où étaient classés les *libertini* étaient moins considérées et beaucoup plus peuplées que les tribus rustiques qui en conséquence jouissaient d'un droit de suffrage plus fort. Daremberg et Saglio, *Dict. des antiquités grecques et romaines*, v° *Comitia*.

(2) Mommsen, *les Tribus romaines*, p. 100, note 78.

(3) Mispoulet, *Études d'institutions juridiques*.

solution est parfaitement conforme à l'esprit de la législation romaine qui n'a point édicté de déchéances formelles contre les *spurii*. Dans le service des *Alimenta*, seulement, les bâtards recevaient une part plus faible que les enfants légitimes (1).

(1) La Table de Veleia, nous indique la répartition suivante : 16 sesterces par mois aux garçons et 12 aux filles légitimes ; le *spurius* recevait 144 sesterces par an et la *spuria* 120. Mispoulet, *Inst. polit.*, II, p. 211, note 21.

CHAPITRE II

Condition de l'enfant naturel dans le droit privé.

I. SITUATION DU SPURIUS VIS-A-VIS DE SON PÈRE NATUREL. — II. SA CONDITION FUT, A UNE CERTAINE ÉPOQUE, MEILLEURE QUE CELLE DE L'ENFANT NÉ DU CONCUBINAT. — III. SA SITUATION VIS-A-VIS DE SA MÈRE. — IV. EFFETS DE LA FILIATION NATURELLE. — V. REVERENTIA. — VI. AU POINT DE VUE DES LOIS CADUCAIRES. — VII. OBLIGATION ALIMENTAIRE. — VIII. TUTELLE. — IX. CURATELLE. — X. MARIAGE. — XI. LIBÉRALITÉS ENTRE-VIFS ET TESTAMENTAIRES : *a)* DES XII TABLES DE CONSTANTIN ; *b)* DE CONSTANTIN A JUSTINIEN ; *c)* LÉGISLATION DE JUSTINIEN. — XII. DROITS SUCCESSORAUX DES SPURII : *a)* LÉGISLATION DES XII TABLES ; *b)* LÉGISTATION PRÉTORIENNE ; *c)* SENATUS-CONSULTE TERTULLIEN ; *d)* SÉNATUS-CONSULTE ORPHITIEN. — XIII. POUVAIT-ON RENDRE LÉGITIME L'ENFANT NATUREL. — XIV. DE L'ADROGATION.

Avant d'étudier les droits que l'enfant naturel possédait dans la famille, il est utile et logique de rechercher quelle était sa situation vis-à-vis de ses parents.

I. — Nous avons vu que les enfants nés d'unions régulières autres que les justes noces, avaient une filiation certaine aussi bien du côté du père que du côté de la mère ; cela résultait du caractère légal de ces unions. Les enfants dont nous nous occupons, nés de liaisons illégitimes, ne pouvaient point invoquer le bénéfice de la loi pour établir leur filiation; ils ne pouvaient la baser que sur des faits et point sur une présomption quelconque. Or, la paternité, par son caractère mystérieux, échappe à toute preuve matérielle (1); bien plus, l'enfant naturel, n'avait même pas l'avantage d'invoquer une présomption de fait résultant d'une longue cohabitation; il était le plus souvent le fruit de liaisons passagères. Il en résultait que le père restait inconnu et devait l'être toujours parce qu'à Rome la reconnaissance n'existait pas.

Dans un seul cas, la filiation paternelle du *spurius* était, en fait, établie; c'était quand il devait le jour à un mariage nul. Mais la loi en défendit la preuve; pour éviter le scandale, elle empêcha la constatation de la faute commise (2). Pendant longtemps, la loi ne tint aucun compte de cette paternité ; elle ne valut aux enfants ni avantage ni déchéance; mais, aux derniers temps du droit romain, elle leur fut très défavorable et les fit traiter avec la dernière rigueur(3).

Le père était donc un étranger pour son fils : entre eux, ni obligations ni prohibitions. Le père pouvait agir envers lui comme envers autrui; lui donner toute sa fortune, l'instituer son héritier, le faire entrer dans sa famille par l'adoption; contrairement, il pouvait l'abandonner à sa destinée, et le laisser se débattre dans la plus noire misère.

La loi romaine n'a jamais songé à protéger la famille légitime contre l'affection des parents pour leurs enfants naturels; elle n'a point cru devoir empêcher les libéralités souvent exagérées faites à ces

(1) Cette impossibilité de prouver la paternité a fait établir pour le mariage la présomption : *Pater is est quem nuptiæ demonstrant.*
(2) L. 23, D., 1, 5.
(3) Nov., 89, cap., 15.

derniers, au détriment des héritiers légaux (1). D'un autre côté, elle n'a jamais donné à l'enfant aucun droit vis-à-vis de son père, pas même celui de réclamer les choses indispensables à cette existence qu'il lui avait imposée.

II. — De cet état de choses, il résulta une conséquence bizarre, une sorte d'*inelegantia juris* : l'absence d'une paternité connue créa au *spurius* ou tout au moins au *vulgo quæsitus* une condition meilleure que celle de l'enfant né du concubinat; de telle sorte que les enfants, fruits d'unions extra-légales, furent mieux traités que ceux issus d'un mariage régulier.

A partir des lois caducaires, le fait pour l'enfant du concubinat, d'avoir un père certain, lui donna divers avantages; il put lui réclamer des aliments, quand sa mère était dans l'impossibilité de lui en fournir (2). En outre, le lien de cognation qui rattachait le concubin à son fils, permit à ce dernier de venir à la succession de son père, quand le préteur eût institué la *bonorum possessio unde cognati*; une partie de la succession lui était même réservée, s'il était appelé en première ligne; dans ce cas, il pouvait en effet intenter la *querela* contre le testament qui l'exhérédait injustement. Ces droits qui le plaçaient dans une situation meilleure que celle des *Spurii*, lui furent reconnus jusqu'à Constantin.

En 336, une constitution de ce prince (3) défendit au père de faire une libéralité quelconque à son enfant naturel. L'empereur voulait supprimer le concubinat, union contraire à la morale chrétienne. Dans ce but,

(1) Cette règle souffre exception en ce qui concerne les enfants *ex damnato coitu nati*, frappés à partir de Constantin de déchéances nombreuses.

(2) L. 5, § 4, *De agn.*, D., 25, 3.

(3) C., I, C. V-XXVII.

non seulement il enlevait au fils du concubin les droits qu'on lui avait précédemment reconnus, mais encore il ôtait au père la faculté de gratifier son enfant. Cette mesure rigoureuse atteignit également les enfants nés *ex damnato coitu*. Tous ceux qui étaient issus du concubinat ou qui étaient le fruit d'un *stuprum*, subirent le même sort. Les *vulgo quæsiti* au contraire échappèrent à cette déchéance, ils ne pouvaient être atteints, puisque leur père était inconnu. Comme conséquence, ils profitèrent de toutes les libéralités que leur auteur voulût leur faire et aucun obstacle ne s'opposait à ce qu'il leur donnât ou laissât toute sa fortune (1).

Les empereurs, Valens Valentinien et Gratien, réagiront contre ces mesures excessives et permirent au concubin de gratifier ses enfants naturels ; mais ils limitèrent la part dont il put disposer et la fixèrent (2) à un douzième, en présence d'enfants légitimes, et à un quart, quand il n'y avait que des ascendants. Le père du *spurius* resta complètement libre.

Justinien rétablit un droit successif au profit de l'enfant naturel et de la concubine.

III. Si les conditions de la conception d'un enfant naturel justifient, jusqu'à un certain point, l'état de choses créé par le législateur romain entre le père et le fils, ces mêmes conditions l'obligeaient logiquement à établir des règles différentes pour les rapports à établir entre le fils et la mère. C'est en effet la loi qui crée, pour ainsi dire, la paternité, mais la maternité est l'œuvre de la nature seule. La maternité est

(1) Notre droit français présente une anomalie du même genre. Aux termes de l'article 760 C. civ., l'enfant naturel reconnu ne peut recevoir de ses père et mère, une part plus grande que celle fixée par la loi. L'enfant naturel non reconnu, au contraire, en l'absence de parents réservataires peut recevoir toute la succession.

(2) Nov., 89, ch. XII.

un fait public qui se manifeste aux yeux de tous par la grossesse et l'accouchement. Aussi les Romains ont-ils déclaré que la maternité est toujours certaine: *mater semper certa est, etiamsi vulgo conceperit* (1). On ne pouvait la contester quand elle s'appuyait sur la possession d'état, et, pour l'établir, il était permis d'employer tous les moyens de preuve possibles : témoins, actes écrits, déclarations sur les registres publics, *ad acta* (2) l'aveu, le serment et jusqu'à de simples présomptions.

Mais les Romains n'avaient pas seulement consacré législativement le lien formé par la nature entre la mère et son enfant, ils en avaient tiré des conséquences importantes. L'enfant naturel était assimilé à un enfant légitime; vis-à-vis de la mère, leur situation était identique; ils jouissaient des mêmes droits et subissaient les mêmes obligations; de telle sorte qu'entre l'enfant, fruit de l'adultère, et celui né de justes noces, il n'existait aucune différence. Comment la loi romaine a-t-elle pu admettre un tel système, une iniquité aussi choquante? Cette règle découlait de la constitution de la famille romaine; elle résultait de la conception que les Romains eurent de la parenté qui unit certaines personnes entre elles.

Entre parents, on distinguait deux sortes de liens: l'un appelé *agnation* (3), établi par la loi, entre « tous ceux qu'une filiation légitime rattache à un auteur commun et qui appartiennent à la maison dont il est le maître, ou qui y appartiendraient, s'il était encore

(1) L. 5, D., 2, 4.

(2) L. 29, § 1, D., 22, 3.

(3) Ulp., l. 195, § 2. D. *in fin.*, 50, 16. « Communi jure familiam « dicimus omnium agnatorum; nam, etsi patre familias mortuo « singuli singulas familias habent, tamen omnes qui sub unius « potestate fuerunt, recte ejusdem familiæ appellabuntur qui ex « eadem domo et gente proditi sunt. »

vivant » (1); l'autre appelé *cognation*, formé par la nature elle-même, entre tous ceux qui avaient le même sang. Les deux parentés unissaient le père et ses enfants légitimes ; mais il arrivait très souvent, comme nous allons le voir, que des parents même très rapprochés n'étaient que cognats.

A l'origine, lorsqu'existait le mariage avec *conventio in manum*, la femme, en se mariant, sortait de sa famille naturelle pour entrer dans celle de son mari ; dans ce cas, elle était à la fois l'agnate et la cognate de ses enfants. Plus tard, à l'époque classique, la *manus* tomba en désuétude ; il s'ensuivit que le mariage ne rompit plus le lien qui unissait la femme à ses parents (2). En droit, elle fait partie de sa famille d'origine, bien qu'en fait elle en soit sortie ; elle y conserve tous ses droits et ses parents les conservent également sur elle (3). La femme restait donc une étrangère pour la famille de son mari ; et comme les enfants nés du mariage suivaient la condition de leur père, entre eux et leur mère il n'existait aucun lien civil ; la mère et ses enfants appartenaient à deux familles différentes.

Mais si l'agnation n'unissait pas la mère et son enfant, la cognation, le lien du sang, existait toujours ; ce rapport matériel résultait, par la force même des choses, du fait de la naissance. Or, à ce point de vue, tous les enfants, qu'ils soient légitimes ou naturels, ne sont-ils pas égaux ? Selon le droit naturel, il n'y a entre eux aucune différence, leur situation est identique ; il était donc logique que le droit civil les assimilât et les soumît aux mêmes règles.

Ainsi s'explique la situation favorable de l'enfant

(1) Cuq, *Inst. juridiq. des Romains*, p. 197 ; Mainz, *Cours de droit romain*, tome I, p. 403.
(2) Accarias, *Précis*, I, 120a.
(3) Le père reprenait la dot donnée par lui. Ulp., R., t. VI, § 4.

naturel vis-à-vis de sa mère ; elle résultait des principes générateurs de la famille. Comme conséquences, notons celles-ci, que nous développerons plus loin, quand nous étudierons les droits successoraux. Du jour où le lien civil, l'agnation, s'affaiblit et tendit à disparaitre, où, dans les rapports juridiques entre proches, on tint compte surtout du lien du sang, de la qualité de cognat, tous les droits dévolus à ce titre aux enfants légitimes appartinrent également aux enfants naturels. Ce principe resta en vigueur jusqu'à Justinien. A partir de Constantin, on y dérogea en frappant d'incapacité les enfants nés *ex damnato coïtu*.

IV. — Quels étaient les effets de la filiation naturelle (1)?

V. — La loi 6, livre II, titre IV, au *Digeste*, dit : « *Parentes naturales in jus vocare nemo potest : una est enim parentibus servanda reverentia.* » Dégageant de ce texte le principe qu'il renferme, nous voyons que l'enfant doit le respect à sa mère. Cette règle de morale s'applique aussi bien au *spurius* qu'à tout autre enfant, légitime ou né du concubinat : la forme sentencieuse dont elle est revêtue ne laisse aucun doute. Comme conséquence, le même texte nous indique la prohibition faite à l'enfant d'appeler ses parents en justice. Mais il n'y avait pas là une impossibilité absolue ; cette défense pouvait être levée par le magistrat (2). On ne voulait pas que pour une cause futile et peut-être aussi par esprit de haine ou de vengeance, un père fût traduit devant les tribunaux. L'autorisation donnée par le prêteur était une garantie

(1) De ce qui précède, il résulte clairement que ces effets ne peuvent être étudiés que par rapport à la mère ; le *spurius* n'ayant pas de père.

(2) L. 4, §§ 1 et 3, D., 2, 4.

contre ce danger. L'enfant qui citait ses parents sans l'accomplissement préalable de cette formalité, encourait une condamnation (1).

Par application du même principe, avait été prohibé entre enfants et père ou mère, l'usage des actions infâmantes et de l'exception de dol (2). Celle-ci était remplacée par une action *in factum* qui n'atteignait pas l'honneur de l'ascendant incriminé et ne constituait pas à son égard un manque de respect.

Enfin, en cas de condamnation, le bénéfice de compétence avait été établi au profit des parents. On appelait ainsi le droit de n'être condamné que dans la mesure de ses ressources (3).

VI. — Nous venons de voir que le titre de mère naturelle donnait droit à certains égards, et que le respect lui était dû au même degré qu'à la mère légitime. Etaient-ce là les seuls avantages de la maternité ? Non ; il y en avait d'autres établis par *les lois caducaires*. Pour favoriser la repopulation de l'Empire, ces lois créèrent des privilèges au profit de ceux qui avaient des enfants. Ces privilèges étaient au nombre de trois : le *jus liberorum*, qui procurait aux *patres* une remise d'âge pour l'aptitude aux honneurs, la dispense de certaines obligations, celle d'être tuteur, judex; il libérait les *matres* de la tutelle perpétuelle (4), les rendait capables de faire leur testament sans l'*auctoritas* de leur tuteur, et leur donnait le droit de venir, d'après le sénatus-consulte Tertullien, à la succession *ab intestat* de leurs enfants. Pour jouir de ce *jus liberorum*, la mère affranchie devait avoir quatre enfants et la mère ingénue trois.

(1) *Inst.*, § 12, liv. 4, tit. VI.
(2) L. 4, § 16, D., 44, 4; l. 5, pr. et § 1, D., 37, 15.
(3) *Inst.*, § 38, liv. 4, t. VI; l. 16 et 17, D. *De re judicata*, 42, 1.
(4) Gaius, I, § 194.

— Le *jus capiendi* était le droit de recueillir les libéralités testamentaires dont on était gratifié; les *cœlibes* (célibataires) en étaient complètement privés; les *orbi*, les gens mariés sans enfants ne l'avaient que pour moitié. — Ces parts qui devenaient caduques par l'incapacité de leurs destinataires, étaient dévolues aux *patres*, c'était le *jus caduca vindicandi*.

Ces privilèges appartenaient-ils à la mère naturelle? en d'autres termes, les enfants naturels, les *spurii* comptaient-ils pour l'acquisition de ces avantages? la question n'est pas douteuse, quant au *jus liberorum*. L'affirmative nous parait résulter d'un texte de Paul (1), qui n'établit pas de distinction entre les enfants légitimes et illégitimes, et qui n'exige d'autre condition qu'un certain nombre d'enfants, trois ou quatre suivant que la mère est ingénue ou affranchie. En outre, le paragraphe 1er du titre III des Règles d'Ulpien, donne la *civitas* à une femme latine qui avait eu trois enfants *vulgo concepti*.

Les *spurii* faisaient-ils obtenir le *jus capiendi* à leur mère? Nous répondons affirmativement. La femme qui a des enfants n'est pas *orba*. Aussi voyons-nous dans la loi 16, § 1, D. 34-9, Papinien déclarer qu'on ne peut refuser à la concubine le droit de réclamer ce qui lui a été laissé par testament (2). Or, la situation de la mère étant toujours la même à l'égard de ses enfants quels qu'ils soient, il faut reconnaître que la mère d'enfants *vulgo concepti* jouit aussi du *jus capiendi*.

Mais faudra-t-il qu'elle ait, au préalable, le *jus liberorum*, c'est-à-dire faudra-t-il qu'elle ait trois ou quatre

(1) S., IV, 9, § 1.

(2) Ce texte a donné lieu à des difficultés. Voir les explications différentes données par Cujas et par Ant. Fabre, rapportées par M. Pilette dans la lettre sur le *Concubinat*. Revue historique de droit français et étranger, tome XI, pp. 337 et suiv.

enfants suivant sa qualité? Nous n'avons trouvé nulle part que cette condition exigée pour le *jus liberorum*, dût aussi être remplie pour l'obtention du *jus capiendi* : ce sont deux droits distincts et tout à fait indépendants. Il suffisait donc d'avoir un seul enfant pour recevoir les libéralités testamentaires. Cette solution est confirmée par la loi 16,§ 1, liv. 34, tit. IX qui reconnait ce droit à une concubine, mère d'une seule fille (1).

Quand au *jus caduca vindicandi*, nous pensons qu'il n'a jamais appartenu à la mère naturelle, parce que tous les textes qui parlent de cette prérogative ne l'attribuent qu'aux *patres* (2).

VII. Un autre effet de la filiation naturelle était de créer entre parents et enfants l'obligation alimentaire. Il est juste que les père et mère soient astreints de nourrir, du moins jusqu'à un certain âge, celui auquel ils ont donné le jour et qu'ils le mettent en mesure de gagner son existence. Si plus tard il se trouve dans une situation précaire, ils doivent lui prêter aide et assistance. Ces obligations sont de droit naturel et conformes à la morale. Par contre, l'enfant ne doit-il pas rendre à ses parents dans la gêne les soins et les services qu'il a reçus dans son enfance? Il n'y a pas là seulement une dette civile, mais un devoir commandé par la reconnaissance. Tel est le fondement de l'obligation alimentaire. A Rome, cette obligation consistait à fournir à la personne

(1) On pourrait argumenter de l'expression *habere liberos*, que les textes emploient presque toujours au pluriel, pour soutenir qu'il fallait plus d'un enfant. Gaius avait d'avance répondu à cette objection. L. 148 et 149., D., *de Verb. significatione*, 50, 16. L'expression *habere liberos*, est une façon de parler, une expression consacrée qui s'applique aussi bien à celui qui n'a qu'un enfant qu'à celui qui en a plusieurs.

(2) Ulp., I, § 21. L., *Unic.*, C., *de Caducis tollendis*, 6, 51.

nécessiteuse le logement et les choses indispensables à la vie; elle était fixée par le juge et calculée sur les ressources du débiteur (1). La loi 5, § 4, D., 25, 3, qui établit cette pension alimentaire entre parents naturels, ne parle que des enfants *vulgo quæsiti;* mais il est probable qu'elle existait aussi au profit des enfants *ex damnato coïtu nati.* Tous les *spurii* furent, en effet, pendant longtemps soumis à la même législation; en outre, une constitution d'Honorius et Arcadius supprima cette dette d'aliments entre les enfants nés de mariages nuls et leurs parents (2). Cette mesure rigoureuse et quelque peu barbare fut renouvelée par Justinien, dans la Novelle 89, ch. XV.

VIII. Le *spurius* naissait toujours *sui juris*, n'ayant pas de père; il ne pouvait être soumis à la puissance paternelle. Il n'entrait même pas dans la maison de sa mère, c'est-à-dire qu'il n'était pas placé sous la puissance du père de sa mère. On était donc obligé de lui nommer un tuteur. Mais ce tuteur, par qui sera-t-il désigné? Suivant quelles formes cette tutelle sera-t-elle constituée?

A l'origine, il n'existait que la tutelle testamentaire, qui était une prérogative de la puissance paternelle, et la tutelle légitime exercée par les agnats. Or, ni l'une ni l'autre n'étaient possibles, parce que l'enfant naturel n'avait ni père ni agnats. Que devenait donc l'enfant? Il était sans doute placé par sa mère sous la protection du chef de sa maison ou de son tuteur, à titre de client (3). Plus tard, la loi Atilia donna au magistrat le droit de déférer la tutelle; le *spurius* put alors être pourvu d'un tuteur; la mère elle-même

(1) L. 5, § 7 et l. 10, D., 25, 3.
(2) L. 6, C. 5, 5.
(3) Cuq., *Op. cit.*, p. 176.

devait requérir sa nomination, sous peine de perdre ses droits à la succession de son enfant (1).

Sous Trajan, la mère reçut le droit de désigner le tuteur de ses enfants, pourvu que, dans son testament, elle les eût institués ses héritiers. En outre, pour que ce tuteur pût exercer ses fonctions, le choix de la mère devait être approuvé par le magistrat, après enquête sur la moralité et la fortune de la personne désignée (2).

XI. La tutelle durait jusqu'à la puberté. Devenu pubère, le *spurius* était pourvu d'un curateur. Le magistrat était sans doute chargé de le désigner ; toutefois il lui était loisible de confirmer après enquête, le choix fait par la mère dans son testament (3).

X. La puberté donnait également au *spurius* la faculté de contracter mariage ; et, pour accomplir cet acte, il n'avait pas besoin de requérir le consentement de ses parents. Toutefois, la parenté naturelle formait un empêchement à toute union entre lui et ses cognats (4). Bien plus en pareille matière, les Romains avaient apporté une dérogation à cette règle qu'entre le père et son enfant *vulgo quæsitus* n'existait aucun rapport ; la loi 14, § 2. D., 23, 2, déclare qu'un père ne pouvait épouser sa fille, *vulgo quæsita*. Il suffisait donc que le futur époux fût présumé ou seulement soupçonné d'être le père de sa future femme pour que le mariage fût impossible.

XI. A l'occasion de son mariage, les parents natu-

(1) *Inst.*, III, 3, § 6.

(2) L. 2, D., 26, 3; l. 4, C., 5-28. La mère naturelle ne fut jamais admise à exercer elle-même la tutelle de ses enfants. La loi 2. C. 5-35 rendue en 390, qui permit à la femme de demander la tutelle de ses enfants ne s'applique qu'à la mère légitime. Justinien l'étendit sous certaines conditions à la concubine. Nov., 94.

(3) L. 2, § 1, D., 26, 3.

(4) L. 54, D., 23, 2.

rels pouvaient-ils faire à leur enfant telles libéralités qu'il leur plaisait ou bien la loi romaine avait-elle limité le taux des donations ? Avant de répondre à la question, disons que nous allons réunir dans le même paragraphe les libéralités entre-vifs et les libéralités testamentaires.

a) Nous avons vu que le père était un étranger pour son enfant ; il pouvait donc le gratifier, lui constituer une dot par *datio* ou *promissio* ; aucune loi ne l'en empêchait, mais aussi aucune ne l'y obligeait (1). La règle était la même pour les libéralités testamentaires. La loi des XII Tables reconnaissait au père un pouvoir absolu de disposer de ses biens : *Uti legassit super pecunia tutelave suæ rei, ita jus esto* (2); l'enfant *vulgo quæsitus* pouvait bénéficier de cette liberté et recevoir de son père naturel son patrimoine et la tutelle de sa femme et de ses enfants. Plus tard, quand le quart des biens du *pater familias* fut réservé à la famille légitime, le père ne put donner à son fils naturel que les trois quarts de sa succession et exceptionnellement la totalité.

La mère pouvait-elle gratifier de son vivant son enfant naturel, pouvait-elle lui constituer une dot ? Soumise à la puissance paternelle, il lui était impossible de s'obliger ; mais la femme *sui juris* avait la faculté de se dépouiller au profit de son enfant avec l'*auctoritas* de son tuteur (3). Il lui était également permis de l'instituer son héritier.

b) Telle fut la règle, règle sans exceptions, comme on le voit, pendant la période classique jusqu'à Constantin ; ce prince commença par y déroger ; il décréta que toutes les donations entre-vifs ou testamentaires faites par un père à ses enfants naturels, seraient

(1) V., page 17.
(2) Table V, f° .
(3) Ulp., § 27, R., t. XI.

nulles et de nul effet. Il ne nous est resté qu'un fragment de la Constitution de Constantin, la loi 1, C. 5-27 ; ce fragment ne vise que le cas où la libéralité émanait d'une personne illustre ; mais il résulte de la Novelle 89 ch. XII que la règle était générale. L'incapacité ne s'appliquait pas seulement aux enfants nés du concubinat, mais encore à ceux nés *ex nefariis vel incestis vel damnatis complexibus.* Quant à l'enfant *vulgo quæsitus*, il échappait à la déchéance par la raison bien simple que son père était inconnu.

Cette réforme avait été inspirée par les idées chrétiennes qui ne reconnaissaient comme union légitime que le mariage, et son principal but était d'anéantir le concubinat. Sur ce point, elle heurtait trop manifestement les mœurs romaines, dans lesquelles le concubinat était profondément enraciné ; aussi fut-elle suivie d'une réaction. Les empereurs Valens, Valentinien et Gratien adoucirent les mesures rigoureuses prises contre les enfants du concubinat (1). Mais ils les laissèrent subsister contre les *spurii ex damnato coitu.*

En l'année 403, une constitution d'Honorius et Arcadius vint confirmer la situation faite aux enfants nés du concubinat ; mais elle n'améliora point celle des *spurii ex damnato coitu* (2).

c) Justinien renouvela les prescriptions de Constantin touchant les déchéances des enfants naturels. Dans la constitution 44, au Code, livre I, titre III, il interdit le mariage aux ecclésiastiques et frappe de nullité toutes les libéralités faites par eux à leurs enfants ! — Dans la Novelle 12, de *incestis* et *nefariis nuptiis*, il édicte les peines de la confiscation et de l'exil contre les auteurs de mariages prohibés, déclare que leurs biens seront dévolus à leurs enfants légiti-

(1) Nov. 89, ch. XII.
(2) C. 2, C. 5-27.

mes et, à défaut, au trésor public. Les mêmes peines atteignaient la femme qui, connaissant la prohibition, ne la respectait pas. De toutes ces mesures, résultait, pour les enfants nés de ces unions illicites, l'impossibilité de recueillir quelque chose, soit de leur père, soit de leur mère.

La Novelle 89 fut conçue dans le même esprit. Poussant la rigueur à ses dernières limites, Justinien déclare que les *filii ex damnato coitu nati*, ne peuvent recevoir de leurs parents même des aliments, que toute légitimation est impossible et qu'ils n'ont aucun droit de succession.

Telle était la condition misérable que les empereurs romains créèrent à ces pauvres enfants, que l'on punissait pour une faute qu'ils n'avaient pas commise, pour un péché originel. La condition des *vulgo quæsiti* était restée la même qu'à l'époque classique. Les constitutions impériales qui déployèrent tant de rigueur contre les *spurii* ne frappèrent les *vulgo quæsiti* d'aucune déchéance. Sous Justinien, le principe qui assimile, vis-à-vis de la mère, les enfants naturels aux enfants légitimes, a la même force qu'à l'époque classique. Ils ont pleine capacité, au point de vue des donations, soit entre-vifs, soit testamentaires, qui leur sont faites par leurs cognats.

XII. — Mais ces cognats pouvaient mourir sans avoir fait testament, sans avoir disposé de leur fortune; dans ce cas, l'enfant naturel avait-il quelques droits à leur succession? La loi l'avait-elle appelé à recueillir une partie de leurs biens? Sur ce point, comme sur tant d'autres, la législation romaine a beaucoup varié.

a) La loi des XII Tables ne reconnaissait que trois ordres d'héritiers *ab intestat* : les héritiers siens, *heredes sui*, les agnats, *agnati*, et les gentils, *gentiles* (1).

(1) Gaius III, 17, 19.

Les héritiers siens étaient les descendants du défunt, qui seraient, au moment de l'ouverture de l'hérédité, placés sous sa puissance immédiate, s'il était encore vivant. A défaut d'héritiers siens, la succession était dévolue aux agnats. L'agnation, nous l'avons déjà dit, était le lien civil qui reliait entre eux les membres d'une même famille (1). Le manque d'agnats donnait naissance au droit des gentils ou membres de la *gens* (2).

Or, le *spurius* ne pouvait être appelé à succéder à ses auteurs, parce qu'il n'avait aucune de ces qualités ; vis-à-vis de son père, la solution n'est pas douteuse, puisque, légalement, ce père n'existait pas; vis-à-vis de sa mère, il n'avait pas qualité d'héritier sien, car les femmes n'en ont pas, ne pouvant exercer la puissance paternelle; il n'était pas davantage son agnat ou son *gentilis*, puisque ce lien n'existait pas même entre mère et enfant légitime, à moins que la femme ne fût *in manu*. Le *spurius* était *sui juris*; au point de vue de l'agnation, il ne faisait partie d'aucune famille.

b) Ce système rigoureux, qui sacrifiait les affections naturelles à un principe purement politique, ne tarda pas à s'adoucir sous l'influence bienfaisante du préteur (3). Ce magistrat reconnut un droit de succession à la famille naturelle, à tous les parents unis par les liens du sang; les enfants naturels, sans exception profitèrent de cette heureuse réforme, et tous purent demander la *bonorum possessio unde cognati*, pour recueillir les biens de leurs parents (4).

(1) Voir, page 20.

(2) Paul, Sent., L. 4, t. VIII, § 3. Voici la définition *de la gentilitas* que nous trouvons dans les Topiques de Cicéron : « Gentiles « sunt qui inter se eodem nomine sunt, qui ab ingenuis oriundi « sunt, quorum majorum nemo servitutem servivit, qui capite non « sunt deminuti ». (Cicéron, *Topiques*, 6.)

(3) L. 2, D., 38, 8; l. 4, § 1, D., 38, 10.

(4) LL. 2 et 4, D., 38, 8. *Inst.*, III, 5, § 4.

Cependant, pour que ce droit leur fût accordé et produisit quelque effet, il fallait que le *de cujus* n'eût point laissé d'héritier sien ni d'agnat. Le préteur n'avait pas osé aller jusqu'au bout de sa réforme; un seul agnat, si éloigné fût-il, excluait les cognats les plus proches et, par conséquent, l'enfant naturel.

Comme complément de la *bonorum possessio*, le préteur avait accordé au cognat, appelé à la succession *ab intestat*, la plainte d'inofficiosité, *querela inofficiosi testamenti*. En conséquence, comme l'enfant légitime, le *spurius* pouvait attaquer et faire tomber le testament qui l'exhérédait injustement et ne lui laissait pas recueillir au moins le quart de la succession (1).

Tous ces mêmes droits étaient reconnus à la mère, aux frères et sœurs de l'enfant naturel, vis-à-vis de sa succession. Cependant, il y avait cette différence que la mère du *spurius*, ses frères et ses sœurs étaient certains de recueillir sa succession; ils n'avaient pas à craindre, à défaut de descendants, le concours d'agnats, *quia consanguinitatis itemque agnationis jura a patre oriuntur* (2); et le *spurius*, nous le savons, n'avait pas de père. Il n'en était pas de même pour lui, comme nous l'avons vu plus haut, quand il était appelé à la succession d'un de ses cognats.

La création de cette *bonorum possessio* n'était qu'une demi-mesure; elle constituait au profit des parents naturels, moins un droit véritable qu'une espérance souvent déçue, puisque la présence d'un héritier selon les XII Tables rendait cette action illusoire. Il fallait une réforme plus complète, faite par le législateur lui-même et établissant pour les cognats un avantage sérieux; cette réforme fut opérée par deux *senatus-*

(1) Paul, Sent., IV, 10, § 1; l. l. 2, 4, 8. D., *U. cog.*, 38, 8, l. 1, § 2, D., 38, 17; l. 20, § 1, D., 5, 2.

(2) L. 4, D., 38, 8; *Inst.*, III, 5, § 4.

consultes célèbres : les *senatus-consultes* Tertullien et Orphitien.

c). — Le sénatus-consulte Tertullien rendu sous Antonin le Pieux, appela la mère à la succession de ses enfants prédécédés, légitimes ou non; mais, conçu dans le même esprit que celui qui avait inspiré les lois caducaires, ce sénatus-consulte, en créant ce droit successif, ne voulut pas faire une application du droit naturel, mais instituer une récompense pour la fécondité; seule devait en profiter la mère ayant le *jus liberorum*; en outre, si elle était majeure de 25 ans et son fils impubère, elle devait faire procéder à la nomination d'un tuteur ou à son remplacement en cas d'excuse ou de destitution. Faute de ne pas remplir toutes ces conditions, elle perdait son droit à la succession de son enfant mort impubère.

Ce droit successif était encore subordonné à une autre circonstance : l'absence de descendants. La mère était, en effet, exclue par les enfants de son fils, quand ils étaient *sui* ou assimilés aux *sui* (1) et par un descendant quelconque du *de cujus* (2).

Le sénatus-consulte disait encore que la mère était écartée de la succession par le père et les frères consanguins du défunt, mais qu'elle venait en concours avec les sœurs consanguines. Ces dispositions n'ont aucun intérêt pour nous, parce que les hypothèses qu'elles visent ne peuvent se poser : l'enfant naturel (même l'enfant *ex damnato coitu*) n'a pas de parents paternels; ils ne peuvent donc pas l'exclure ni venir en concours avec sa mère.

Justinien modifia cet ordre de choses. Il supprima

(1) Etaient assimilés aux *sui* les enfants émancipés ou donnés en adoption. D'après la loi des XII Tables, ils ne devaient pas venir à la succession de leur ascendant décédé ; mais le préteur les y appela en leur donnant la *bonorum possessio unde liberi*. Gaius, II, 136, 137; III, 26; *Inst.*, III, 1, §§ 9, 10, 11; 9, § 3.

(2) Ulp., R., t. 26, § 8; *Inst.*, III, 3, § 3.

la condition du *jus liberorum* (1); il appela, en concours avec la mère, les frères même naturels du *de cujus* (2) : la succession était partagée à parts égales. Si le défunt ne laissait que des sœurs, la mère avait droit à la moitié de la succession. Plus tard la Novelle 22 ch. 47 § 2 étendit à cette dernière hypothèse la solution adoptée quand la mère se trouvait en présence des frères du *de cujus*; la mère n'eut alors qu'une part virile.

d). — Il nous paraît bizarre que le sénatus-consulte Tertullien appelant la mère à la succession de son enfant, n'ait pas appelé l'enfant à la succession de sa mère. Entre ces deux réformes, il y avait un lien si étroit, une corrélation si naturelle, qu'il est étonnant qu'elles n'aient pas été l'œuvre d'une même loi. La seconde ne fut pourtant faite que sous Marc-Aurèle par le sénatus-consulte Orphitien. Un droit égal fut, dès lors, reconnu à tous les enfants légitimes ou naturels, sur la succession de leur mère (3). La nouvelle législation restait fidèle au vieux principe que les enfants sont, tous, les cognats de leur mère au même titre et que le lien qui relie l'enfant adultérin à sa mère n'est pas différent de celui qui existe entre la mère et l'enfant né de justes noces.

Mais ce droit appartenait-il à l'enfant sur la succession d'un parent autre que sa mère? Le sénatus-consulte était muet sur cette hypothèse. On ne pouvait pas le lui accorder. Pour recueillir cette succession, il ne lui restait qu'à invoquer la *bonorum possessio*.

Le sénatus-consulte n'avait donc établi de droit successif qu'entre le fils et la mère. Il en résultait que les petits-enfants étaient exclus de la succession de leur aïeule; ils ne pouvaient y venir qu'en

(1) *Inst.*, III, 3, § 4.
(2) L. 7, C. 6, 56.
(3) *Inst.*, III, 4, § 3, *de Scto. Orph.*

vertu de la *bonorum possessio*. Cette anomalie, peu conforme aux intentions présumées du *de cujus*, disparut, grâce à une constitution de Valentinien, Théodose et Arcadius (1). Les petits-enfants furent appelés à la succession de leurs aïeuls maternels ; mais, peut-être par respect pour l'ancien droit civil, on ne leur fit pas une part égale à celle des héritiers, selon la loi des XII Tables. C'est ainsi que les petits-enfants, en concours avec des héritiers siens, c'est-à-dire avec des fils ou filles du défunt et venant en conséquence par représentation, ne devaient recueillir que les deux tiers de la part qui revenait à leur mère prédécédée ; en concours avec des agnats, ils ne recueillaient pas toute la succession, mais seulement les trois quarts ; l'autre quart était dévolu aux agnats. En outre, la nouvelle constitution leur créait une réserve, car, en cas de déshérence, elle leur donnait le droit d'invoquer la *querela inofficiosi testamenti*.

Les empereurs Honorius et Arcadius établirent, au point de vue successoral, les catégories qui existaient déjà parmi les enfants naturels, au point de vue des libéralités entre-vifs et testamentaires. Ces princes enlevèrent tout droit de succession aux *spurii*, aux enfants nés de relations entachées de *stuprum* (2).

Constantin avait déjà décidé que l'enfant né des relations d'une femme avec son esclave ne pourrait recueillir aucune partie du patrimoine de sa mère (3).

Justinien réforma heureusement l'ordre de choses créé par ses prédécesseurs. Ses constitutions accentuent les progrès de la cognation sur l'agnation.

En 528, il supprima la quarte réservée aux agnats,

(1) L. 9, C. 6, 55 ; L. 4, §§ 2 et 3. Cod. Théod., V-I.
(2) L. 6, C. 5, 5.
(3) C. 1, C. 9, 11.

en concours avec des petits-enfants du défunt (1), puis le tiers (2) alloué aux héritiers siens, quand les petits-enfants représentaient leur mère. Il reconnut et assura leur droit successif vis-à-vis de leurs ascendants. Donc, suivant les cas, les enfants et descendants à un degré quelconque, recueillirent leur part sans diminution ou la totalité de la succession, à l'exclusion de tous autres parents. Ils étaient appelés par préférence à tous les ascendants, en concours avec les enfants légitimes (3). Telle était la règle quand les enfants *vulgo concepti* avaient pour mère une femme de condition ordinaire. Justinien y dérogea quand ils étaient nés d'une *mulier illustris* (4). Dans cette hypothèse, les enfants naturels étaient exclus de la succession *ab intestat* par leurs frères légitimes et ne pouvaient rien recevoir, ni par donation, ni par testament.

Quant aux enfants nés d'unions condamnables, de mariages nuls, ils furent l'objet de mesures rigoureuses. Justinien renouvela les prescriptions d'Honorius et Arcadius, les déclarant incapables de venir à la succession de leur mère : on leur refusa même le droit de demander des aliments (5).

XIII. Dans notre droit civil, le législateur prévoyant le cas où les parents voudraient rendre légal le lien qui les unit à leur enfant, a créé la reconnaissance qui rattache l'enfant à ses auteurs et la légitimation par mariage subséquent qui le place exactement dans la situation d'un enfant né de justes noces. Grâce à ces institutions, l'enfant peut être re-

(1) C. 12, C. 6, 55.
(2) *Inst.*, III, 1, §§ 15 et 16.
(3) *Inst.*, III, 4, § 3.
(4) L. 5, C. 6, 57.
(5) Nov. 89, *in fine*.

levé de la condition inférieure où le plaçait sa naissance.

En était-il de même à Rome ? Existait-il un moyen d'arracher le *spurius* aux déchéances et incapacités dont il fut frappé ? Etait-il possible à celui qui savait être le père d'un enfant *vulgo conceptus* de créer juridiquement entre lui et sa progéniture un lien de filiation ?

Les Romains ne connurent jamais la reconnaissance. Quant à la légitimation, les textes (1) nous montrent qu'elle a existé. Etablie provisoirement par Constantin et par Zénon (2), la légitimation par mariage prit place parmi les institutions juridiques, sous Anastase d'une façon permanente et sous Justinien d'une façon définitive. Comme aujourd'hui, cette fiction supposait les enfants nés avant le mariage issus après et par suite leur donnait tous les droits d'un enfant légitime. Il est inutile d'entrer dans le détail des conditions nécessaires à l'accomplissement de cet acte, parce que cette légitimation n'a rien à voir dans notre matière ; elle ne pouvait pas améliorer la condition des *spurii*.

Quelle était en effet le but poursuivi ? On voulait faire entrer l'enfant dans la famille de son père. Or, pour le *spurius*, nous le savons, ce père était inconnu, soit par la force des choses, s'il s'agit d'un *vulgo conceptus*, soit par la volonté de la loi si l'enfant est né d'un *stuprum* ; seule la reconnaissance aurait pu le faire connaitre ; mais elle n'existait pas.

Vis-à-vis de la mère, la légitimation n'aurait produit aucun effet puisque à son égard il n'y avait point lieu de distinguer l'enfant naturel de l'enfant légitime ; leur situation était semblable.

Quels étaient donc les enfants naturels qui pou-

(1) L. 5, C. 5, 27 ; l. 10, 11, *cod. tit.* Nov. 118, 110.
(2) L. 5, C. 5, 27.

vaient bénéficier de la légitimation ? Ne pouvaient être légitimés que les enfants issus du concubinat, car seuls parmi les *liberi injusti* ils avaient un père certain (1).

XIV. Devons-nous donc conclure qu'entre le *spurius* et son père, tout lien de filiation était impossible ? Non ; il y avait un moyen détourné de le créer ; c'était l'adrogation qui plaçait l'adrogé et l'adrogeant dans la situation de père et fils. Mais, à cause des formalités minutieuses auxquelles elle était soumise, il arrivait souvent que ce contrat ne put être scellé.

Sous la République, l'adrogation est l'œuvre des curies qui doivent donner leur consentement, après enquête des pontifes sur les intentions de l'adrogeant. Il en résultait que l'adrogàtion d'une fille naturelle ne pouvait être faite, les femmes n'ayant point accès dans les comices ; en outre, l'adrogation d'un *spurius* n'était possible qu'à Rome, unique siège de cette assemblée. Plus tard, les comices ayant disparus, le premier de ces empêchements fut en même temps supprimé ; mais restaient encore des conditions d'âge à remplir : obligation pour l'adrogeant d'avoir dix-huit ans de plus que l'adrogé et soixante ans accomplis. En outre, il ne fallait pas avoir d'enfants légitimes. Ces obstacles existèrent toujours ; sous l'Empire, l'adrogation était faite par un rescrit du prince après enquête du magistrat (2).

Dans une constitution de l'année 519, l'empereur Justin défendit au père naturel d'adroger ses enfants (3). Justinien maintint la prohibition (4). On

(1) Il en était de même pour les autres genres de légitimation, la légitimation par rescrit du prince et la légitimation par oblation à la curie.

(2) Gaius, I, 98, 99 ; *Inst.*, § 1, I, 11 ; l. l. 2 et 6, C. 8, 48.

(3) L. 7, C. 5 27.

(4) Nov. 74, cap. 3.

voulait par là obliger les parents naturels à légitimer leurs enfants par le mariage; aussi cette mesure ne s'appliquait qu'aux concubins et leur progéniture; elle ne pouvait, du reste, viser les enfants dont nous nous occupons, car leur père est inconnu.

Toutefois, il est probable, étant donné les rigueurs déployées contre les *spurii ex damnato coitu nati*, que l'adrogation de ces enfants ne fût plus possible à partir de Constantin; leur filiation paternelle étant en fait établie et l'enquête faite par le magistrat dévoilant le vice de leur naissance.

CONCLUSION

Si nous jetons maintenant un coup d'œil d'ensemble sur l'étude qui précède, nous voyons qu'à Rome, la situation de l'enfant naturel ne fut pas, à proprement parler, malheureuse. Sans doute il est complètement sacrifié vis-à-vis de son père auquel rien ne le rattache; mais s'il n'a aucun droit à son égard, aucun empêchement ne s'oppose à ce que ce père qui ne lui doit rien, ne se montre envers lui très généreux et ne lui crée une situation avantageuse : il en a toute la liberté. La loi ne saurait donc être accusée de dureté. Au contraire, elle encourait plutôt le reproche d'être immorale et d'avoir manqué de protection envers la famille, quand, vis-à-vis de la mère, elle a assimilé l'enfant naturel à un enfant légitime. Quelque dignes d'intérêt que soient ces enfants que l'on ne saurait rendre responsables de l'irrégularité de leur naissance, ni frapper pour l'inconduite ou la faute de leurs parents, on ne doit pas oublier que la famille est la base de la société et que l'ordre public est intéressé au suprême degré à la multiplication des mariages et à la suppression des unions irrégulières.

A partir de Constantin, parait la distinction des enfants naturels en *vulgo concepti* et en *spurii*, et deux courants contraires marquent la condition de ces catégories. Les *vulgo concepti* continuent à jouir des avantages que leur procurait l'assimilation aux enfants légitimes ; bien plus, leur sort s'améliore chaque jour grâce aux concessions faites à la parenté par le sang au détriment de la parenté civile ; et ce progrès s'accentue jusqu'à Justinien. Bien différente est la condition des *spurii*, qui sont le malheureux objet de mesures rigoureuses. Déclarés incapables de bénéficier d'une donation quelconque de la part de leur père, ils sont également privés de tout droit de succession, et Justinien poussant la rigueur à ses dernières limites leur refuse même les choses indispensables à l'existence.

Sous l'influence du christianisme, les empereurs romains avaient créé cette condition misérable à ces malheureux enfants. Suivant le même ordre d'idées, le droit canonique devait les traiter avec une rigueur presque égale. Quels qu'ils fussent, adultérins, incestueux ou nés de deux personnes non mariées ni parentes, *ex soluto et soluta*, ils étaient exclus de la succession de leurs père et mère ; ils ne pouvaient demander que des aliments (1) ; un sentiment de pitié, une pensée de charité avait sans doute empêché qu'on leur enlevât cette unique faveur.

Cet excès de sévérité se retrouve dans les coutumes. D'ailleurs, le sort des enfants naturels devait être aussi malheureux, que ces coutumes fussent inspirées du droit canon ou du droit germanique. Celui-ci punissait sévèrement l'adultère de la femme et était sans pitié pour les enfants nés du libertinage et de la débauche (2).

Aussi, d'une façon générale, les bâtards furent sévèrement traités, dans notre ancien droit français. On les avait assimilés aux aubains, aux serfs et

(1) D'Aguesseau, *Œuvres*, tome 7, p. 401.
(2) Tacite, *Mœurs des Germains*, XIX.

mainmortables (1). Exclus de la famille de leurs père et mère et, quoique reconnus, nullement rattachés à eux par un lien civil de filiation, ils avaient néanmoins le droit de demander des aliments. Les parents étaient tenus de les nourrir ou de les mettre en état de gagner leur vie. De droits successifs, ils n'en avaient point à l'égard de leur père ; dans quelques pays, ils en étaient privés même vis-à-vis de leur mère. Les donations étaient généralement prohibées ; et, dans les provinces où elles étaient permises, elles pouvaient toujours être réduites comme excessives (2) et immodérées.

La succession *ab intestat* des enfants naturels appartint pendant longtemps au seigneur par droit de servitude ; ce droit, vers 1550, fut dévolu au roi.

La Révolution ne pouvait pas laisser les bâtards dans cette situation si digne de pitié. Dans sa haine pour tout ce qui constituait une inégalité, elle éleva l'enfant naturel à la hauteur de l'enfant légitime ; le décret du 12 brumaire an II leur reconnaissait des droits égaux dans la succession de leurs parents. D'un excès de rigueur, on tombait dans un excès de tendresse. On oubliait, « que, si la nature réclame pour eux une portion du patrimoine paternel, l'ordre social s'oppose à ce qu'ils le reçoivent dans les mêmes proportions et aux mêmes titres que les enfants légitimes (3). »

Le Code civil « mit un terme à cette espèce de réaction qui gratifiait les enfants naturels d'une faveur qui ne leur est point due (4). » Ses dispositions, qui marquent un juste milieu entre les rigueurs

(1) Bacquet, *Droit de bâtardise*, part. 1, ch. II; d'Aguesseau *Op. cit.*, pp. 346 et 406.

(2) D'Aguesseau, *Op. cit.*, p. 431.

(3) Discours de Treilhard ; Loiseau, *Traité des enfants naturels*, p. 601.

(4) Treilhard, *l. cit.*

de l'ancien droit et les privilèges du droit intermédiaire, assurent à l'enfant naturel une situation suffisante et respectent en même temps les droits légitimes de l'enfant né de justes noces.

DROIT FRANÇAIS

DES ENFANTS ASSISTÉS

INTRODUCTION ET DIVISION

S'il est pénible quelquefois de constater la division des esprits dans certains domaines de la pensée, il est consolant aussi de constater l'union profonde des cœurs toutes les fois qu'il s'agit d'Assistance publique. Dans toutes les classes de la société, un besoin de générosité se fait sentir : on voudrait effacer toutes les misères. Malheureusement, ce n'est là qu'un beau rêve; la raison nous dit que nous ne pouvons que les adoucir.

Toutes les catégories d'assistés sont évidemment très intéressantes et l'on agit sagement en ne faisant pas de distinction entre elles; cependant, si nous examinons les choses de près, nous devons reconnaître que, parmi elles, il en est *une* plus digne de notre bienfaisance. Habituellement, l'homme malheureux est pour quelque chose dans ses malheurs; il ne saurait en être ainsi *de l'enfant trouvé,* ni *du jeune orphelin,* ni même *de l'enfant moralement abandonné.* Quel mal peut avoir commis ce petit être voué au malheur? Et cet orphelin de père et de mère qui, selon l'expression énergique de Bourdaloue, est « *de tous les pauvres le plus abandonné* », et celui-ci enfin, plus grand mais aussi inconscient, plus digne de pitié peut-être, si jeune et déjà mûr pour le mal qui l'attend, à chaque pas, dans la corruption de nos grandes villes?

Voilà certainement une plaie sociale qu'il importe, au plus vite, de cicatriser. La justice et l'intérêt de la patrie nous en font un devoir; aussi avons-nous résolu d'employer nos faibles moyens à faire avancer la solution de cette délicate question; c'est-à-dire que notre thèse aura pour sujet : *Les Enfants assistés.*

Mais, auparavant, et ne serait-ce que pour mieux faire ressortir la supériorité de notre civilisation sur les civilisations antiques, nous montrerons l'enfant aux *différentes époques de l'humanité.* Nous dirons rapidement ce qu'il fut *dans les sociétés païennes*; ce qu'il devint sous le Christianisme, depuis Constantin jusqu'à la Révolution française de 1789, inclusivement. Arrivée au Décret impérial de 1811, cette étude prendra des proportions plus vastes et un caractère plus juridique; elle se subdivisera en quatre parties dont

La Première traitera des *Enfants trouvés*, des *Enfants matériellement abandonnés* et des *Orphelins.*

La Deuxième : Des *Enfants secourus temporairement à domicile.*

La Troisième : Des *Enfants maltraités* ou *moralement abandonnés.*

La Quatrième : De l'Assistance des *enfants à l'étranger.*

PREMIÈRE PARTIE

Partie historique.

I. L'Enfant sous le Paganisme, chez les différents Peuples de l'Antiquité. — II. L'Enfant dans les commencements de l'Ère chrétienne, sous les Empereurs romains, chez les Germains et spécialement sous les Rois francs de la 1re et 2e race. — III. L'Enfant pendant la Féodalité du neuvième au douzième siècle et pendant sa Décadence du treizième au seizième siècle. — IV. L'Enfant pendant le dix-septième et le dix-huitième siècle. — V. L'Enfant pendant la Révolution française.

I. — Certainement, l'antiquité nous a légué de bien grandes et de bien belles choses. En littérature et dans les arts, les Athéniens, ce type harmonieux des principales qualités des races grecques, ont pu enfanter des chefs-d'œuvre qui n'ont pas été dépassés. De même les Romains, mélange admirable de gravité sabine et de constance latine, ont réalisé ce type du soldat-citoyen né pour la conquête du monde. Il n'en est pas moins vrai, cependant, que ces deux civilisations, toutes brillantes qu'elles ont été, sont restées bien incomplètes. Elles reposaient, en effet, sur deux erreurs fondamentales : l'une, un polythéisme grossier dans lequel les dieux ne faisant presque pas de différence entre le vice et la vertu, rabaissait singulièrement l'idéal humain ; l'autre, un esclavage qui, divisant le monde en deux parts et faisant de la plus nombreuse la bête de somme de quelques rares privilégiés, privait la société humaine des trois quarts de ses forces et de ses lumières. Ces deux erreurs devaient fatalement en engendrer une troisième plus nuisible encore : je veux dire *la vilité des enfants et des femmes* (1).

Qu'est-ce, en effet, que l'homme sans la femme, sa compagne naturelle, et aussi sans l'enfant, base de la famille? Sans doute, l'ambition, le désir de commander pourront développer chez lui certaines qualités intellectuelles, certaine vigueur de caractère; mais tout l'homme ne tient pas là. Il lui reste le cœur que Vauvenargues a proclamé le foyer de toute grande pensée et qui, à lui seul, produit le miracle de l'éloquence *(pectus est quod disertos facit)*. Isolé de la femme et de l'enfant, l'homme est un être incomplet qui ne pouvait enfanter qu'une civilisation rudimentaire.

Aussi ne faut-il pas s'étonner si l'homme livré, en quelque sorte, à ses seuls instincts de domination, n'a su trouver que des systèmes de gouvernement où perce son seul égoïsme, et qui ne représentent que l'abus de la force et la négation du droit (2).

Chez presque tous les peuples de l'antiquité, les lois sont à peu près muettes à propos de l'enfance : elles abandonnent les nouveau-nés au caprice des parents, qui peuvent les garder ou les exposer à

(1) Lavallée, « Hist. des Français, » 1er volume, 9e page.

(2) L'esclave, dit la loi romaine, était non seulement vil, mais nul « non tam vilis quàm nullus. »

leur gré. En général, c'est l'intérêt qui décide de leur sort. Telles sont les coutumes usitées chez les Assyriens, les Mèdes et les Perses (1) et même chez les Egyptiens, ce pays de la Sagesse; l'histoire de Moïse est présente à tous les esprits. Faisons une exception toutefois en faveur du peuple de Dieu où la loi se montre pleine de sollicitude et de tendresse pour les petits (2).

A Sparte, l'Etat prime tout, la famille et même les lois de la plus élémentaire morale. On n'y tient qu'à une chose : *former des corps robustes et des soldats courageux*. Jamais on ne pense aux besoins moraux de l'homme, encore moins à ceux de la femme. Quant aux enfants, ils n'appartiennent point à la famille. Voici ce que dit Plutarque : « Sitôt qu'un enfant est né, le père n'en est plus le maitre; suivant que les plus anciens de la lignée le jugent robuste ou mal constitué, on lui donne sa part des 9,000 héritages ou bien on le précipite dans les apothètes (3).

Solon à Athènes n'imita pas la rigueur inflexible de Lycurgue. Dans sa constitution, il voulut voir autre chose que l'omnipotence de l'Etat. L'enfant n'était pas ravi à son père dès sa naissance, mais celui-ci conservait sur le nouveau-né droit de vie et de mort. Il pouvait également l'exposer (4). Les enfants nés de citoyens étaient seuls légitimes, les autres étaient voués à la servitude ou à la mort. Ces coutumes déplorables étaient si invétérées qu'elles semblaient former le fonds commun de toutes les intelligences. Parmi tant de poètes sublimes et de philosophes profonds, aucun n'a songé à protester contre des abus si regrettables. Platon lui-même (5), dans sa République, trace

(1) Justin, liv. 1er, chap. IV.
(2) Proverbes, chap. XIX, verset 18.
(3) Plutarque, Lycurgue, chap. XXXII.
(4) Térent, « in Heautontim, » act. 4, sc. 1.
(5) Platon, « de Republica, » liv. 5, t. 2, p. 460.

sur ce même sujet, des règles sociales qui paraissent aujourd'hui monstrueuses.

Thèbes seule fait exception à cette règle (1).

Chez elle la mort ou l'exposition de l'enfant entraînait la mort du père. On ne peut s'expliquer des mœurs si différentes entre villes voisines que comme une conséquence logique des terribles catastrophes que l'exposition d'Œdipe avait attirées sur sa malheureuse patrie (2).

Rome ne fit pas preuve de plus de tendresse que Sparte et Athènes, au contraire. Selon Denys d'Halicarnasse (3), Romulus obligeait ses sujets à sacrifier toutes les filles, sauf les aînées. Si la plupart des mâles trouvaient grâce, ce n'était qu'une grâce provisoire. Quand ces enfants avaient atteint 3 ans, la loi reprenait sa férocité et sacrifiait tout ce qui ne présentait pas des garanties suffisantes de santé et de force. Pendant trois ans, la mort planait donc sur leur tête.

Tarquin le Superbe fait immoler des enfants à la déesse Marcia le jour des Compitales (4). Les Douze Tables ordonnent la mort de l'enfant né difforme, *pater insignem ob deformitatem, puerum cito necato.* Cicéron qui a eu souvent l'occasion de citer cette loi, n'a jamais protesté contre elle (5). Nous pourrions multiplier les citations. Nous nous contenterons de montrer Sénèque qui, huit cents ans après Romulus, n'hésite pas à écrire cette phrase incompréhensible aujourd'hui aux consciences les moins timorées :

(1) Barthélemy, « Voy. d'Anacharsis, » chap. XXVI, liv. 3.

(2) Elien, « Variæ historiæ, » liv. 2, chap. VII.

(3) Denys d'Halicarnasse, « Antiquités Romaines, » liv. 2, chap. XV.

(4) Fêtes célébrées annuellement dans les carrefours en l'honneur des dieux Lares, « Antiquités Romaines. »

(5) Dans son discours « Pro Cluentio. »

« De même, que c'est par raison que nous retranchons un criminel de la société, que nous assommons un chien enragé, de même *nous noyons les enfants difformes et débiles* (1). »

II. — Le relèvement de la condition des enfants ne pouvait donc sortir des seules ressources de la civilisation antique. Il fallait l'avènement dans le monde, d'un principe nouveau et contraire au passé ; il fallait une conception plus pure de l'idée divine, une notion plus exacte de la nature et de l'égalité humaines, dont les conséquences devaient être un changement radical dans les idées. Le christianisme avec sa haute morale, en exaltant le faible et en abaissant le fort, a préparé admirablement cette rénovation ou plutôt cette révolution complète de nos mœurs. Guizot l'a dit dans une pensée profonde : « La société moderne est née du développement de ces deux maximes chrétiennes ; l'égalité de tous devant Dieu, la fraternité de tous dans la foi en Jésus-Christ. » La Religion nouvelle avait donc jeté la précieuse semence, il ne fallait que lui donner le temps de fructifier ; mais parmi quels obstacles ! Ils devaient être aussi nombreux que redoutables, puisqu'il ne s'agissait de rien moins que de la transformation du monde.

A l'inégalité antique, représentée par l'esclavage, le christianisme oppose non seulement l'égalité absolue de tous les hommes devant Dieu, mais encore *la fraternité de tous*, dans la foi de Jésus-Christ. L'égalité seule ne suffisait pas ; sans cesse combattue par l'inégalité physique, intellectuelle et morale que nous trouvons partout dans la nature, celle-ci aurait créé constamment des catégories nouvelles, et l'égalité n'eût été qu'un nom; la fraternité seule, en faisant de tous les hommes les frères d'une même famille,

(1) « De Ira, » liv. 1er, chap. XV.

pouvait entretenir l'égalité, en imposant au frère privilégié le devoir rigoureux de réparer des inégalités toujours renaissantes. Il va sans dire qu'une conduite si héroïque supposait un principe divin et la foi en une deuxième vie, où chacun recevrait d'après ses œuvres d'ici-bas. Comme nous sommes loin déjà de la société antique, et quel abîme profond sépare le passé de l'avenir!

Des principes si opposés aux intérêts du jour ne séduisirent pas, tout d'abord, les privilégiés du siècle. L'égoïsme qui tient au cœur par des racines aussi nombreuses que vivaces, ne voulut pas abdiquer; il préféra se jeter dans la lutte; et, comme au premier moment, il avait la force et la loi pour lui, il s'en servit pour réduire un adversaire irréductible. Or, qu'advint-il? Il arriva ce qui devait fatalement arriver. Les heureux étant le petit nombre et les malheureux le plus grand, ceux-ci exaltés d'ailleurs par l'esprit de sacrifice qui, dans la mort même, leur montrait le triomphe, le passé dut reculer vaincu, et céder la place à l'esprit nouveau qui monta officiellement sur le trône, dans la personne de Constantin. Dès lors, la révolution tentée par le christianisme pouvait être considérée comme définitivement assurée, et l'esprit nouveau certain d'une extension qui, tous les jours, devait faire de rapides progrès.

Mais déjà, bien avant Constantin, les disciples de la religion chrétienne avaient commencé leur œuvre de régénération sociale. Saint Justin (1), au deuxième siècle, avait déclaré « qu'abandonner les nouveau-nés, c'était faire œuvre d'homme pervers. » Non seulement les chrétiens protestent contre l'abandon, par leurs paroles et leurs actes, mais ils font un devoir à leurs frères riches de recueillir les orphelins,

(1) « Apologétique, » I, 27.

membres de l'Eglise (1). Bien plus, ils se hasardent souvent, tout pauvres qu'ils sont, à recueillir les petits païens exposés, quoiqu'ils soient sûrs de persécutions sanglantes, de la part de fanatiques, qui préfèrent voir mourir ces enfants, que de les savoir aux mains des partisans de la religion maudite. Néanmoins, dit Allard (2), « *que de fois le voile du prêtre et le pallium de la diaconesse ou la tunique d'un humble fidèle dut rapporter dans ses plis un pauvre petit être arraché à la dent d'une bête cruelle, peut-être l'héritier inconnu de quelque grande famille romaine.* » Ces enfants étaient déposés dans des établissements appelés ὀρφανοτροφεῖα ou βρεφοτροφεῖα suivant qu'ils étaient destinés à recevoir des orphelins ou des enfants trouvés. Ces hospices d'un nouveau genre étaient bâtis à côté des églises et des monastères. Peu à peu le clergé en obtint la surveillance, quoique le personnel qui y était employé fût ordinairement pris parmi les laïques.

Avec Constantin, tout s'éclaire d'un nouveau jour ; le christianisme n'a plus à trembler ; le bien peut se faire sans danger. Eclairé par de sages avis (3), l'empereur reconnait que l'exposition est un des fléaux de la société romaine, et tout d'abord, il se prépare à le combattre plutôt en le *prévenant* qu'en le *réprimant* (4). Persuadé que la misère est le plus grand coupable, il esquisse un plan d'assistance et met des secours au service de la pauvreté. Mais au trésor de l'empire il a beau joindre celui du souverain, les secours sont insuffisants et l'exemple de générosité parti de si haut, reste sans influence sur

(1) Le jurisconsulte Paul, subissant l'influence du christianisme, condamnait l'avortement et l'exposition. (L. 4, D., XXV, 3.)

(2) Allard, « Esclavage, » chap. II, § 2.

(3) Lactance, « Divines Institutions, » liv. 6, chap. XX.

(4) L. 1, C. Théod., l. 11, tit. 27.

ces romains dégénérés, principaux détenteurs de la fortune, et plus soucieux de leurs plaisirs que de charité chrétienne.

En 319, Constantin entre dans la voie de la répression. Il promulgue une loi (1) qui condamne au supplice des parricides, c'est-à-dire à être jeté à la mer, dans un sac, avec des couleuvres, le père *meurtrier de ses enfants ;* mais cet édit ne réalise pas, non plus, le bien qu'il en attendait. Les expositions ne sont pas moins nombreuses; ce n'est, par conséquent, qu'un nouveau mal ajouté au premier. L'empereur comprend que la société est moins prompte que lui à se convertir, et qu'il faut laisser au temps et à la marche lente du progrès, le soin d'améliorer les mœurs. Il essaye par diverses mesures de concilier les idées chrétiennes, avec les lois de l'empire; il *défend l'infanticide* mais *permet encore l'exposition* (2). *Celui qui avait recueilli et élevé un nouveau-né, avait le droit de le garder nonobstant toute réclamation.* Le *père indigent* avait aussi le droit de *vendre l'enfant nouveau-né* (sanguinolentus) avec faculté de le racheter. *Enfin, il condamne à mort* les voleurs d'enfants libres ou esclaves.

Ces premières améliorations furent développées par les successeurs de Constantin. Valentinien, Valens et Gratien purent, quarante ans après, en 374, revenir à la répression, punir de mort l'infanticide (3), et refuser la revendication au père qui avait exposé son enfant. Théodose fait encore mieux, il exige qu'un enfant trouvé ne soit levé de terre qu'en présence de deux témoins; de plus l'évêque, et plus tard, le curé, doivent joindre leur signature à celle des témoins dans le procès-verbal.

(1) L. 1, C. Théod., « De Paricidio. »
(2) L. 1, C. Théod., « De Expositis. »
(3) L. 2, C. Just., « De inf. Expositis. »

Bientôt, l'enfant exposé put se racheter lui-même, après quelques années de services (1). Mais il était réservé à Justinien d'accomplir une réforme plus radicale.

Par une loi de 553 « il déclare libre, tout enfant exposé (2), fils d'homme libre ou esclave, et quelque preuve que les réclamants puissent produire de leurs droits (3) ».

Avec Justinien, nous sommes arrivés au milieu du sixième siècle, époque heureuse pour le sujet que nous traitons. A l'élément chrétien était venu s'ajouter un auxiliaire précieux, je veux parler de ces peuples envahisseurs de l'empire que l'histoire traite de barbares ; mais chez lesquels, l'ignorance et une certaine grossièreté de mœurs se trouvaient largement compensées par une admirable pureté primitive. Dès lors, les chrétiens ne sont plus seuls pour lutter contre les abus et les injustices sociales, accumulées par quinze siècles de paganisme et d'esclavage.

Les Francs surtout, se distinguent par la générosité de leurs sentiments (4). Des amendes considérables, pour des temps si pauvres, viennent frapper ceux qui se rendent coupables d'avortement ou de meurtre de nouveau-nés. Dans ces amendes pécuniaires, on trou.. établie une sage progression, destinée à combattre la progression dans le crime. Après cela, n'y aurait-il pas lieu de se demander : où donc se trouve la barbarie? Est-ce au milieu de ces peuplades où ces crimes étaient si rares et punis avec tant de rigueur, ou bien à Rome où le nombre est si grand qu'il semble défier toute répression?

On le sent déjà, nous sommes au commencement

(1) L. 1, C. Théod., III, 3.
(2) L. 4, C. VIII, 52 et nov. 153.
(3) Troplong, « De l'influence du christianisme sur le droit civi « des Romains. »
(4) Laboulaye, « Recherches sur la condition de la femme. »

d'une transformation sociale, qui sera la conséquence des mœurs nouvelles tendant à s'établir en Occident, sous la double influence de l'esprit chrétien et des coutumes Germaniques. L'Eglise, en communion d'idées avec les Francs, sur le respect dû à la famille, a ses coudées plus franches et travaille avec plus de liberté à l'application de ses principes régénérateurs. Dès le cinquième siècle, la voix des Conciles se fait entendre; celui de Vaison règle la manière de procéder à chaque découverte d'enfant abandonné (1).

Il ordonne : 1° Le transport de l'enfant à l'église; 2° Son annonce au prône du dimanche suivant; 3° Il établit un délai laissé aux parents pour le réclamer; 4° Après ce délai, droit de le garder, pour celui qui l'a trouvé. Ces précieux renseignements nous sont donnés par une vieille formule de Marculfe reproduite par Baluze (2).

C'est la méthode qui a été en vigueur pendant tout le moyen-âge.

Voici le moment de constater une création des plus importantes et qui constitue, à mon avis, un progrès considérable dans l'œuvre des enfants trouvés; je veux parler d'hospices (brephotrophia) (3) qui s'élèvent dans certaines villes et qui ne sont autre chose que la substitution de la charité collective à la charité individuelle toujours plus incertaine. Si on s'en rapporte à certaines légendes, Trèves aurait possédé un de ces hospices, Angers également. Contentons-nous de citer celui de Milan, dont les recherches sérieuses de Muratori, démontrent la fondation à la date certaine de 787 (4). Il fut bâti par Dathéus, ar-

(1) Harduin, « Actes des Conciles, » t. 1er.

(2) Baluzius, « Capitula regum francorum, » t. 2, p. 474.

(3) Ducange, v° « Brephotrophium. »

(4) « Antiquitates Italicæ medii ævi, » t. 3, p. 537. (Traduction de Martin Doisy dans son dictionnaire d' « Economie charitable ».)

chidiacre de cette ville. Un préposé prenait les enfants que l'on apportait à l'église. Ils étaient aussitôt placés entre les mains de nourrices choisies. On leur donnait tous les soins que demandaient leur nourriture et leur vêtement. Ils ne sortaient de l'hospice qu'à un âge où le métier qu'ils avaient appris assurait leur existence ainsi que leur liberté, si rare à cette époque. Ce qui étonne, dans cet acte ou charte de fondation remontant si haut, c'est de trouver en faveur des enfants, les principales garanties que leur assure la législation moderne.

III. — Telle fut la marche des choses jusqu'à la décadence de la dynastie carlovingienne, c'est-à-dire jusqu'au moment où la France, sous la triple action de la guerre civile, de la famine et de la terreur normande, tomba dans un désordre qui n'eut d'égal que sa misère. Une des conséquences de la situation fut la fréquence des expositions d'enfants et l'insuffisance de secours, tous les jours plus rares. Non seulement, on ne pouvait songer à la fondation de nouveaux hospices ; mais, ceux qui existaient, étaient entravés dans leur marche. Les seigneurs laïques et ecclésiastiques qui, seuls, avaient grandi, au milieu de la ruine générale, par la nécessité qui s'était imposée aux petits propriétaires de se faire protéger par les plus grands, furent appelés à intervenir et à parer aux besoins les plus pressants. Du reste, entr'autres droits nombreux qu'ils s'étaient arrogés, figurait le droit d'*épave* qui leur faisait un devoir d'élever les enfants exposés sur leur terre (1).

Tout d'abord cette obligation fut considérée comme un avantage. Dans un temps, où toute industrie et tout commerce était inconnus, la terre était la seule

(1) Ce fut une conséquence du droit d'épave.

source des richesses ; il fallait donc des bras pour la cultiver ; or, tous ces enfants devenaient serfs et restaient attachés à la glèbe (1). Mais l'expérience ayant démontré qu'un sacrifice qui devait commencer le jour de la naissance d'un enfant, pour ne se terminer que le jour où il pourrait utilement travailler était beaucoup trop long, et que d'ailleurs, entre ces deux limites éloignées, beaucoup d'événements pouvaient se produire, privant le seigneur de services si chèrement achetés, ceux-ci cherchèrent à se décharger de cette obligation. Ils voulurent la rejeter sur les biens ecclésiastiques particulièrement affectés à la subsistance des enfants pauvres, prétendant qu'à ce titre, ces enfants devaient trouver place dans les hospices. Mais les établissements ecclésiastiques n'en voulaient point, disant que c'était plutôt l'affaire des seigneurs, des communes, ou des parents mêmes (2), qui avaient commis le crime de l'exposition. A la longue, il s'établit le *modus vivendi* suivant (3) : Si le pays possédait des refuges, c'était là qu'étaient placés les enfants, moyennant redevance de la part des seigneurs et des communes. S'il n'y avait point de maison de refuge, c'était à des particuliers qu'on confiait ces pupilles, toujours moyennant redevance. Ce mode le plus commode de tous, reçut une application très fréquente.

Nous voici arrivés à l'époque d'une création très importante et qui joua un rôle considérable dans la question qui nous occupe ; il s'agit de l'ordre des *Hospitaliers du Saint-Esprit*, spécialement chargés de l'enfance abandonnée comme l'indique la formule même des vœux : *Negotia curabo, ad honorem Dei, ad victum, vestitum, sustentationem infantium expo-*

(1) Lyonnel Didierjean, « Des Enfants assistés. »
(2) Fournel, « Traité de la séduction dans l'ordre judiciaire. »
(3) Léon Lallemand, « Histoire des Enfants abandonnés. »

silorum. Ces hospices répondaient si bien aux besoins de l'époque, que, de toutes parts, seigneurs justiciers et villes en demandaient la construction sur leurs terres. Le pape Innocent III se mit également de la partie et recommanda l'œuvre comme éminemment utile et morale.

La première maison qui s'éleva dans ces conditions, fut celle de Montpellier. On discute encore sur la date; ce qui est hors de doute, c'est qu'elle fut bâtie par les soins de Guy, descendant de Guillaume, seigneur de Montpellier (1). Non seulement elle rendit de grands services, mais elle servit de modèle à toutes celles qui s'élevèrent depuis, en divers pays : à Rome, Marseille, Arles, Beaucaire, Toulouse, Dijon, Troyes et dans bien d'autres villes encore. Entraînés par cet exemple, beaucoup d'hospices qui jusque-là s'étaient refusés à la réception des enfants trouvés, leur ouvrirent leurs portes. On cite, dans cette catégorie, avec les hôpitaux de Marseille, Douai, Bordeaux, l'hôpital du Corps de Dieu de Toulouse, qui s'honora par l'application de cette nouvelle mesure (2).

D'autres suivirent ce mouvement avec moins de générosité, et firent des restrictions regrettables ; ils ne voulurent accueillir que les enfants légitimes ou les orphelins, gardant rigueur aux autres d'une tâche originelle, dans laquelle ils n'étaient pour rien. De ce nombre fut l'Hôpital du Saint-Esprit en Grève, de Paris, qui persista, du reste, fort longtemps dans ces vieux errements.

Il est piquant de relever avec quelle indifférence le Paris d'autrefois se laissait distancer par la province,

(1) Semichon, « Les Enfants assistés, » p. 71.

(2) En 1370, l'hôpital du Corps de Dieu de Toulouse, obtint du roi Charles V des lettres de sauvegarde avec exemption d'impôts. (Catel, « Mémoires du Languedoc ».)

dans les œuvres de cette nature, alors surtout que le Paris d'aujourd'hui se montre si jaloux de la première place dans toutes les questions concernant l'assistance publique.

Pendant longtemps un sentiment de répulsion assez inexplicable animait religieux et séculiers, à l'égard des enfants frappés de la maladie de bâtardise. Il faut laisser s'écouler de longues années et arriver au milieu du seizième siècle, pour qu'à Paris on pût voir l'administration faire cesser cet odieux ostracisme et donner, enfin, à ces enfants la situation qui n'aurait jamais dû leur manquer.

Déjà sous Charles VII, en 1447, une première tentative avait eu lieu en faveur des illégitimes. Les Magistrats de la Capitale, justement indignés de cette injustice, voulaient faire entrer dans l'hospice du Saint-Esprit, tous les enfants abandonnés, sans distinction de légitimes et d'illégitimes, mais l'administration routinière s'émut d'une attaque aussi brutale contre des statuts jusque-là respectés. L'affaire monta jusqu'au roi, qui ne crut pouvoir mieux faire que de donner raison à ces derniers, prétextant que décharger les parents du soin de leurs enfants, c'était en multiplier le nombre.

Arrivons à la Princesse Marguerite, sœur de François Ier, qui mérite de sérieux éloges pour la part qu'elle a prise au mouvement en faveur de l'enfance. C'est elle qui, en 1536, redoutant pour les enfants l'air pestilentiel qui faisait tant de victimes dans la Cité, fonda au Marais l'hôpital des Enfants-Dieu, appelés depuis Enfants-Rouges, mais c'était toujours beaucoup pour les enfants légitimes et rien pour les illégitimes.

. Sous Henri II surviennent heureusement, à quatre années d'intervalle, deux mesures de la plus grande importance et qui eurent les meilleurs effets, l'une sur la naissance, l'autre pour l'entretien des enfants trouvés. L'édit royal de 1556 (1) sur le recel de grossesse, obligeait toute femme enceinte à déclarer sa grossesse. Négliger cette prescription, c'était assumer la présomption d'homicide, qu'on ne pouvait écarter qu'en présentant l'enfant ou les deux actes de baptême et de décès.

La deuxième mesure consistait dans l'obligation faite, par arrêt du Parlement de Paris (2), aux Seigneurs hauts-justiciers et surtout ecclésiastiques, de participer à l'entretien des « Trouvés ». L'hôpital de la Trinité était indiqué comme seul hospice dépositaire, et une femme était spécialement chargée de recevoir les enfants d'où qu'ils vinssent, de l'église ou de la rue. Concentrer ce service, c'était assurément en resserrer les liens et en assurer l'exécution.

IV. — Bientôt, dans ce même Paris, fut fondé un nouvel établissement de ce genre, plus spécial encore, connu sous le nom expressif de *Maison de la Couche*. Cette création était due aux représentants du pouvoir seigneurial ecclésiastique, Monseigneur de Paris et le chapitre de Notre-Dame (3). Ceux-ci, désireux d'accomplir, dans toute sa rigueur, leur obligation de justicier, voulurent une maison à part, pour y nourrir et élever tous les enfants exposés à l'église de Notre-Dame (4). Cette intention, procédant d'un sentiment généreux, produisit d'excellents résultats. D'un autre côté, la Trinité conservant toutes ses ressources pour un nombre bien moindre d'enfants, pouvait mieux les soigner.

(1) Cet Édit est de 1556; rapporté par Fournel, *ut supra* 3e partie, chap. Ier.

(2) L'arrêt est rapporté par Semichon, *Op. cit.*, p. 100.

(3) Les justiciers ecclésiastiques étaient : 1° l'Évêque de Paris; 2° les Doyens, Chanoines; 3° les Abbés de Saint-Denis, Sainte-Geneviève, Sainte-Germaine-des-Prés, Saint-Martin-des-Champs.

(4) Il y avait à Notre-Dame un berceau qui, selon certains auteurs, était le tour de Paris.

La Maison de la Couche (1), excellemment organisée, acquit de suite une réputation qui fit honneur à ses fondateurs, ainsi qu'aux personnes charitables chargées de l'administrer. Mais sa vogue même devint, sans trop tarder, la cause d'une déchéance rapide. Les parents qui, par misère ou spéculation, se séparaient de leurs enfants, se hâtaient de les porter à la cathédrale. Il en résulta bientôt une telle disproportion entre le nombre des abandonnés, les ressources et le personnel de la Couche, qu'on ne pouvait ni allaiter les plus jeunes, ni élever ceux qui étaient sevrés. La mort moissonnait dans leurs rangs. S'il restait un excédent, il était ou donné ou vendu par les servantes, devant servir le plus souvent à l'exécution des moins avouables desseins (2).

Telle fut, après sa prospérité de quelques années, l'état déplorable où tomba la maison de la Couche, lorsque parut l'apôtre de la charité le plus extraordinaire qu'ait connu le christianisme. D'autres se sont signalés par un esprit plus sublime, ils ont trouvé dans l'étude approfondie de la nature de quoi la vaincre elle-même. Vincent de Paul eut quelque chose de plus rare encore, il eut le privilège du génie du bien. Aussi, après avoir été l'apôtre le plus infatigable de la charité, est-il devenu le plus populaire de nos saints.

Sans doute, on ne peut pas dire, au véritable sens du mot, que Vincent a créé l'œuvre des enfants trouvés; mais il l'a tellement perfectionnée qu'il a donné une existence définitive à ce qui n'avait été jusque-là qu'une ébauche d'institution.

Il revenait, un jour, d'une mission, lorsque, sous

(1) Voir l'organisation et les usages de cet établissement dans le « Trésor du droit français » de Laurent Bouchel, rapportés par Semichon, *Op. cit.*, pp. 101 et suiv.

(2) Louis Abelly, évêque de Rodez, dans sa « Biographie de « saint Vincent de Paul. »

les murs de Paris, il vit un mendiant en train de déformer les membres d'un enfant acheté à la Couche, dans le but d'exploiter plus sûrement la compassion publique. On devine ce qui dut se passer dans le cœur de Vincent. Non seulement il arracha au mendiant sa victime, mais il résolut de les enlever toutes, les unes après les autres, à la Couche, devenue pour ainsi dire la complice des malfaiteurs. Il s'entoure des collaboratrices les plus dévouées, de Mlle Legras, de filles de charité, mille fois éprouvées et capables, au besoin, de s'imposer la faim pour calmer celle des enfants qui leur seraient confiés (1).

Sûr de leur concours, il fonda la maison de Saint-Victor, qu'il peupla rapidement, quoiqu'il en fût le seul pourvoyeur. Il faut dire que sa vigilance était toujours en éveil. Quelques lignes du journal tenu par les filles de la charité nous en diront beaucoup plus, dans leur simplicité, que tous les prestiges de l'éloquence. On y lit : « *2 janvier*. — M. Vincent est arrivé vers les 11 heures du soir ; il nous a apporté deux enfants. L'un peut avoir six jours, l'autre est plus âgé ; ils pleuraient, les pauvres petits ! » — « *26 janvier*. — M. Vincent est transi de froid ; il nous arrive avec un enfant, c'est pitié de le voir. Mon Dieu, qu'il faut avoir le cœur dur, pour abandonner ainsi une pauvre petite créature ! » Chaque jour présente un intérêt particulier et met sous les yeux les exemples les plus navrants. Vincent court, la nuit, pour recueillir les abandonnés ; le jour, il va frapper aux portes les plus illustres pour assurer leur subsistance ; il va jusqu'à la cour et il profite des circonstances les plus délicates pour exciter sa générosité (2).

(1) Quand les fonds manquaient, ces filles se réduisaient à un seul repas, et de nourriture très grossière. « Histoire de saint Vincent de Paul, » par Maynard.

(2) Maynard, *Op. cit.*

Tant de dévouement ne pouvait produire que de merveilleux résultats. C'est en vain que la charité privée semble se restreindre à la suite de crises violentes tourmentant l'Etat et menaçant aussi l'œuvre naissante d'un naufrage qui parait certain, l'habileté du pilote conjurera tout danger. Sa charité était si communicative qu'il suffisait de l'entendre parler pour partager ses sentiments. Aussi l'œuvre de Vincent devint bientôt l'œuvre des familles riches les mieux pensantes, en attendant qu'elle devint, avec Louis XIV, l'œuvre de la capitale de la France.

En 1669, le grand roi fait bâtir l'hospice des Enfants-Trouvés et pour l'établir sur des bases solides, « il le déclare *un des hôpitaux de la bonne ville de Paris*, voulant qu'en cette qualité il puisse *agir, contracter, vendre, aliéner, recevoir toutes donations et legs universels et particuliers*, etc.; il confirme et renouvelle en tant que besoin est, ou serait, les donations faites aux dits enfants par le feu roi et par lui-même; ensemble toutes autres donations faites déjà. L'Edit règle ensuite la perception et l'emploi des précédents dons royaux et des 150,000 livres des hauts justiciers, il règle également la direction de l'hôpital, qui doit être confiée aux directeurs de l'Hôpital-Général (1). »

Le service des enfants trouvés se faisait avec une scrupuleuse exactitude. On n'y recevait l'enfant que par présentation du commissaire, porteur du procès-verbal relatant les circonstances de l'exposition.

Des nourrices sédentaires, l'enfant passait aux mains de la nourrice « des champs » qui venait le chercher et l'emportait dans son pays. Là il était visité et inspecté par les sœurs de charité attachées à l'hospice. Après trois ans d'abord, cinq ans ensuite, l'enfant était ramené à Paris, placé dans un asile dépen-

(1) Maynard, *Op. cit.*

dant de l'hospice, jusqu'à ce qu'il fût en âge d'être mis en apprentissage. Plus tard, on pensa qu'il y aurait intérêt à faire des agriculteurs ; on engagea les nourriciers à le garder chez lui, par une pension annuelle qui devait durer jusqu'au jour où l'enfant serait apte à gagner sa vie.

Par la création de cet hôpital, Paris qui, jusque là, avait marché en arrière de la province, se plaça au premier rang de l'assistance. Sa bonne administration lui attira tellement d'enfants, que, malgré toutes les réglementations, on en comptait, à une époque, plus de 2,000, nés ailleurs qu'à Paris et venus des provinces les plus éloignées. Comme ce long voyage était mortel pour la plupart d'entr'eux, le roi dut s'en émouvoir (1) et un arrêt du Conseil d'Etat de 1779 coupe court à des abus qui allaient directement contre le but de l'établissement. Cet Edit portait « qu'à partir du 1er octobre il était défendu à toutes personnes, de transporter aucun enfant abandonné, *ailleurs qu'à l'hôpital le plus prochain* ou à tel autre de la généralité désigné particulièrement pour ce genre de secours. »

La Révolution française.

V. — Les choses marchèrent de ce pas jusqu'en 1789, c'est-à-dire jusqu'au moment où éclata la Révolution la plus célèbre de notre histoire Nationale. Il était logique que des Assemblées qui portèrent une main hardie sur les plus graves problèmes de la politique, ne s'abstinssent pas, non plus, de celui qui intéresse, au plus haut point, l'avenir de la Patrie. Du reste, la question des enfants trouvés était recommandée tant de fois dans les cahiers émanant des électeurs du Tiers-Etat, qu'elle s'imposait, pour ainsi

(1) Voir l'Édit dans Semichon, *Op. cit.*, p. 152.

dire, une des premières, à l'attention de l'Assemblée Nationale. Malgré son importance et l'expérience qu'on en avait, par suite des essais multiples qu'elle avait déterminés dans le courant de notre histoire, la Constituante ne put rien faire, la première année. Dans la seconde, elle se signala pas deux décrets; malheureusement ils étaient entr'eux dans la plus flagrante contradiction, puisque le second rétablissait ce que le premier avait supprimé (1).

La Convention voulut faire à son tour de belles choses, mais elle se heurta à des difficultés plus fortes qu'elle et qui paralysèrent ses efforts.

Pour accomplir une œuvre de cette nature, nécessitant l'emploi de beaucoup d'argent, il aurait fallu l'accord complet de la Nation; elle était au contraire plus divisée, qu'au temps des guerres de religion; si, aux difficultés intérieures, on ajoute les difficultés extérieures, c'est-à-dire la guerre permanente à soutenir contre l'Europe, on aura une idée à peu près exacte de l'épuisement des ressources financières de la France.

Aussi la Convention avait beau décorer les enfants trouvés du titre pompeux d'*enfants de la Patrie* (2), proclamer leur droit à l'assistance publique, le Directoire ouvrir, pour leur admission, les deux battants des portes des hospices, comme l'argent manquait, et que nourrices et nourriciers n'avaient aucune confiance dans les assignats, ces pauvres êtres, abandonnés une seconde fois, mouraient dans des proportions effrayantes (3).

Pour le malheur de ces enfants, le pays se débat-

(1) Le premier décret supprimait les secours accordés par le Trésor aux hospices; le second décret déchargeait les seigneurs de toute obligation d'entretien d'enfants trouvés et le faisait supporter au Trésor public.

(2) Loi du 28 juin 1793, tit. Ier, § 2, art. 1er.

(3) Léon Lallemand, *Ut supra*.

tait dans des difficultés réellement inextricables. Elles continuèrent à peu près, jusqu'en 1811, époque à laquelle parut un décret de Napoléon, très important dans la matière qui nous occupe, puisqu'il est, en grande partie, la base du droit actuel qui régit l'admission et l'entretien des enfants recueillis dans les hospices.

DEUXIÈME PARTIE

Des Enfants assistés.

CHAPITRE PREMIER

Classification des enfants assistés.

. Enfants assistés. — II. Enfants trouvés. — III. Enfants abandonnés. — IV. Orphelins.

I. — D'après l'article 1er du décret du 19 janvier 1811, les enfants dont l'éducation est confiée à la charité publique sont : 1° les enfants trouvés ; 2° les enfants abandonnés ; 3° les orphelins pauvres (1).

II. — Les enfants trouvés sont ceux qui, nés de pères et de mères inconnus, ont été trouvés exposés

(1) En ajoutant à ces catégories : 1° les enfants qui reçoivent le secours temporaire à domicile établi par l'article 3-1° de la loi du 5 mai 1869 ; 2° et les enfants moralement abandonnés visés par la loi du 24 juillet 1889, nous avons la liste complète des enfants appelés « enfants assistés ». Les enfants secourus à domicile et les enfants moralement abandonnés feront dans cette thèse l'objet de chapitres distincts.

dans un lieu quelconque, ou portés dans les hospices destinés à les recevoir (art. 2).

III. — Les enfants abandonnés sont ceux qui nés de pères et de mères connus et d'abord élevés par eux ou par d'autres personnes à leur décharge, en sont délaissés sans qu'on sache ce que les pères et mères sont devenus ou sans qu'on puisse recourir à eux (art. 5).

L'instruction ministérielle du 8 février 1823 ajoute : « On ne doit comprendre au rang des enfants abandonnés assimilés, pour leur régime et le mode de paiement de leur dépense, aux enfants trouvés, que les enfants délaissés dont les pères et mères sont disparus, détenus ou condamnés pour faits criminels ou de police correctionnelle.

D'après certains auteurs (1), les enfants de détenus et de condamnés, qui ne rentraient pas dans les termes de l'article 5, ont été ainsi placés dans la catégorie des enfants abandonnés, qui ne comprenait d'abord que ceux dont les parents sont disparus. Cette théorie nous parait inexacte. A notre avis, l'instruction de 1823 n'a fait que développer les termes du décret de 1811 ; elle place les enfants de détenus et ceux dont les parents sont disparus sur le même pied d'égalité ; les deux sortes d'enfants rentrent en effet dans les termes de l'article 5. Quand la loi parle de parents auxquels il n'est pas possible de recourir, elle fait allusion aux détenus et condamnés ; les expressions « sans qu'on puisse recourir à eux » ne peuvent être interprêtées que de cette façon ; elles ne sauraient faire double emploi avec les mots précédents « sans qu'on sache ce que les parents sont devenus » puisqu'ils en sont séparés par la disjonctive « ou ».

Quel est l'intérêt de la controverse ? Il est consi-

(1) Béquet, « Répert. de dr. administ., » v° « Assistance publiq., » n° 249. Didierjean, « Les Enfants assistés. »

dérable. Si les enfants détenus ou condamnés ne rentrent pas dans les termes de l'article 5, les hospices ne sont pas obligés de les recevoir ni les départements de pourvoir à leur entretien, parce qu'une instruction ministérielle ne peut mettre à la charge des départements une dépense quelconque.

Au contraire, d'après le système proposé, l'admission de ces enfants dans les hospices s'impose, et les conseils généraux ne pourraient les en exclure. Leur délibération pourrait être annulée pour violation de la loi, par un décret rendu en la forme des règlements d'administration publique. (Art. 47 de la loi du 10 août 1871).

Aux enfants abandonnés ont été assimilés les enfants nés dans les hospices, de femmes admises à y faire leurs couches, quand la mère est reconnue dans l'impossibilité de s'en charger.

Doit-on recevoir un enfant dont les père et mère sont disparus, mais auquel il reste des ascendants ? Evidemment, il rentre dans la catégorie des enfants abandonnés (art. 2) ; seulement, dans le cas où leur situation permettrait aux ascendants de pourvoir à l'entretien de l'enfant, on les soumettrait à une action en pension alimentaire (art. 205 et 207 C. C.), action qui serait exercée par l'hospice.

Jusqu'à quel âge les enfants abandonnés doivent-ils être admis ?

L'instruction de 1823 portait, qu'aucun enfant abandonné ne peut être admis s'il a atteint sa douzième année. Cette disposition dont le but était de diminuer le nombre des enfants assistés était illégale. Nulle part en effet le décret de 1811 ne fixe une limite d'âge ; cette lacune volontaire s'explique par le désir de secourir les enfants abandonnés qui, privés de toute ressource, sont encore incapables de gagner leur vie. Or, il arrivera le plus souvent qu'un enfant de douze ans ne pourra se suffire; il devra donc être recueilli et placé à la campagne chez un artisan ou un cultivateur, tout comme les autres enfants assistés. Aujourd'hui, il ne saurait plus y avoir la moindre difficulté ; une circulaire ministérielle du 21 janvier 1889 rentrant dans la voie de la légalité et de l'humanité, a expressément abrogé l'instruction de 1823 dans la partie relative à ce point. La seule condition, pour avoir droit à ce secours, est que l'âge et les forces physiques de l'impétrant ne dépassent pas l'âge et les forces ordinaires d'un enfant, c'est-à-dire d'un être incapable de se suffire.

Le législateur a distingué avec beaucoup de raison l'enfant trouvé de l'enfant abandonné. Leur situation est en effet toute différente. Le lieu de naissance, la nationalité de l'enfant abandonné sont connus, sa filiation est établie, son état civil existe. L'enfant trouvé au contraire est un inconnu sur le compte duquel on n'a aucun détail ; sans patrie, sans famille, il appartient au législateur de lui créer une condition civile (art. 58, C. C.) (1). Quelle doit être la nationalité de l'enfant trouvé ? L'enfant trouvé doit être français; étant recueilli en France, il y a de grandes présomptions pour qu'il soit né de parents français. La loi du 26 juin 1889 (art. 8, 2e C. C.), a consacré cette solution adoptée depuis déjà longtemps par la jurisprudence et par la doctrine (2).

L'enfant trouvé doit-il être présumé enfant légitime ou enfant naturel ? Cette question n'a pas la moindre importance pratique. En effet, pour que la parenté produise les avantages reconnus par la loi, il faut qu'elle soit légalement ou judiciairement établie. Or, ici, il n'en est rien. Cependant les auteurs se sont

(1) Voir, p. 46).

(2) Demolombe, 1. 151. Merlin, « Répert., » vo Français, Aubry et Rau, 1. § 59. Cass., Req., 16 mars 1863, D. P., 63, 1, 130; 14 juin 1887 ; S., 88, 1, 77.

posés la question, et, pour être complet, nous donnerons l'opinion généralement admise. La majorité des jurisconsultes estiment qu'ils doivent être présumés légitimes (1). C'était déjà la solution admise dans notre ancien droit, et on l'expliquait par ce fait : que souvent la misère et l'impossibilité de nourrir leurs enfants obligent les parents à les exposer. On préférait « les supposer les fruits de justes noces que les effets du vice ou du crime (2). »

IV. — Les orphelins sont ceux qui n'ayant ni père, ni mère, n'ont aucun moyen d'existence (article 6 du décret de 1811).

Malgré les termes précis de l'article 1er du décret de 1811, l'admission des orphelins a donné lieu à des difficultés. La circulaire de 1823 porte que la mort naturelle des pères et mères ne sont pas des circonstances qui puissent faire admettre leurs enfants au rang des enfants abandonnés; ils ne peuvent être classés que parmi les orphelins pauvres..., à la charge exclusive des hospices ou secours à domicile. Ce texte était en contradiction formelle avec le décret de 1811 qui, dans la rubrique et dans la plupart de ses dispositions, place les orphelins et les enfants trouvés sur le même pied d'égalité. Néanmoins l'administration avait été amenée à prendre cette mesure par les protestations qu'avait soulevé l'article 12 du décret de 1811. Cet article est ainsi conçu : « Nous accordons une somme annuelle de quatre millions pour contribuer au paiement des mois de nourrice et des pensions *des enfants trouvés et des enfants abandonnés.* » Il ne parle pas des orphelins. Aussi certains départements refusèrent de contribuer à leurs dépenses, et l'instruction de 1823 « les mit à la charge exclusive des hospices ou des secours à domicile. »

(1) Merlin, « Répert., » v° « Exposition de part., » n. 3.
(2) Nouveau Denisart, t. 7, v° « Enf. exposés, » § 1, n° 2.

Ces enfants eurent pendant longtemps une situation à part, qui était fâcheuse quand la commune d'origine de l'orphelin n'avait ni hospice, ni bureau de bienfaisance. Un avis du Conseil d'Etat du 20 juillet 1842 (1) vint faire cesser cette distinction purement arbitraire et assurer l'application exacte du décret de 1811 en assimilant les orphelins aux enfants trouvés et abandonnés.

(1) Watteville, « Leg. charit., » t. 2.

CHAPITRE II

Admission des enfants assistés dans les hospices. Modes d'admission.

I. Du Tour. — II. Du Bureau d'admission. — III. Formalités a remplir pour l'admission d'un enfant. — IV. Du domicile de secours. — V. Quel est le meilleur mode d'admission. — VI. Inconvénients que présente le tour. — VII. Avantages du bureau d'admission. — VIII. Inanité des reproches qu'on lui fait.

Les enfants assistés sont reçus dans les hospices. Le décret du 19 janvier 1811 déclare qu'il doit y en avoir un par arrondissement. Il est désigné par le préfet et doit être choisi, de préférence, parmi ceux dont la situation est centrale et dont les ressources sont plus considérables, « soit par leurs revenus propres, soit par les allocations qu'ils peuvent obtenir des villes où ils sont situés. »

Comment les enfants sont-ils reçus dans les hospices ? L'article 3 du décret du 19 janvier 1811 portait « dans chaque hospice destiné à recevoir des enfants assistés, il y aura un tour où ils devront être déposés. »

L'instruction ministérielle de 1823 créa un second mode d'admission, consistant dans l'apport à l'hospice de l'enfant qui est reçu par un bureau spécial appelé bureau d'admission.

I. — Le tour est un cylindre en bois, convexe d'un côté, concave de l'autre, qui tourne sur lui-même avec une grande facilité. Le côté convexe fait face à la rue, le concave s'ouvre dans l'intérieur d'un appartement; une sonnette est placée près du tour. Une personne veut-elle déposer un enfant ? elle avertit la personne de garde par un coup de sonnette; aussitôt le cylindre, décrivant un demi-cercle, présente au-dehors son côté vide; il reçoit le nouveau-né et l'introduit dans l'intérieur de l'hospice en achevant son évolution (1).

Le tour existait en France, avant le décret de 1811; il y fut apporté d'Italie à une époque incertaine; mais l'institution conserva un caractère purement local et nullement obligatoire. En 1811 il fut établi officiellement en France comme instutition nationale. D'après le décret de l'empereur, chaque hospice dépositaire devait avoir un tour; en réalité, il ne fut pas appliqué partout, puisque sur 303 hospices dépositaires, 55 ne possédèrent jamais de tour; il y eut même six départements où le tour ne fonctionna jamais (2).

L'établissement du tour produisit une augmentation considérable dans le nombre des enfants abandonnés (3) et greva lourdement le budget des hospices et des départements. De toutes parts des protestations s'élevèrent; les conseils généraux émus et épouvantés dénoncèrent la ruine publique. Ces plaintes générales eurent pour effet d'amener certaines mesures destinées à arrêter ce dérèglement dans les mœurs.

On commença par déplacer les enfants, c'est-à-dire

(1) Terme et Montfalcon cités par Didierjean.

(2) Semichon, *Op. cit.*, p. 231.

(3) En 1800, le chiffre des enfants abandonnés était de : 62,000
En 1815, — — — 82,748
En 1821, — — — 106,667
En 1833, — — — 130,945

à les échanger entre les divers arrondissements ou départements voisins dès qu'ils furent en âge d'être ainsi transportés, sans inconvénient pour leur santé. On espérait diminuer le nombre des abandonnés en faisant perdre aux parents la trace de leurs enfants. Appliquée dès 1827, cette mesure eut plein succès sous le rapport financier. Sur 36,493 enfants ainsi déplacés, 16,339 ou 45 °/ₒ furent retirés par leurs parents ou gardés par leurs nourriciers (1). Il n'en fut pas ainsi au *point de vue moral*. Devant le mécontentement général que la mesure fit naitre, l'administration dut renoncer à son application.

Le seul moyen d'arrêter la progression croissante du nombre d'enfants déposés consistait dans la suppression des tours, dont l'existence semblait un appel à l'abandon. Ce fut le parti qu'on adopta. En 1834, sept tours furent fermés, vingt et un en 1835; depuis, la mesure n'a cessé d'être appliquée, et chaque année a vu disparaitre quelques tours; en 1862, il n'en restait que cinq; aujourd'hui, il n'en fonctionne plus aucun (2).

Ce n'est pas qu'une nouvelle loi soit venue abroger le décret de 1811. L'administration seule a pris l'initiative de cette mesure. On conféra aux préfets le droit de maintenir ou de fermer les tours, après avis préalable des conseils généraux (3). Cette liberté laissée à l'initiative des chefs de département produisit des résultats divers. Dans beaucoup de départements, le tour fut simplement supprimé; dans d'au-

(1) De Gérando, « D. la bienfaisance publique, » t. 2, l. 1, chap. VIII, art. 7.

(2) En 1892, un tour fonctionnait encore à Alger. On y apportait tous les ans le même nombre d'enfants, de 49 à 51. Tous n'étaient pas d'Alger, il en venait de Tunisie et même de Marseille. (« Bull. de la Société internat. pour les questions d'Assist., » mai 1892, page 76.)

(3) Semichon, *Op. cit.*, p. 236.

tres on laissa le tour, on se contenta d'en diminuer les heures d'ouverture; dans quelques-uns, à Paris notamment, on eut l'air de le maintenir dans les conditions apparentes de la veille, mais, en réalité, on le fit surveiller. Cette restriction produisit le plus mauvais effet; c'était enlever au tour son seul avantage, celui d'assurer au déposant le secret absolu de son action; il valait mieux le supprimer. Il faut reconnaitre cependant que la mesure la plus généralement employée fut la fermeture.

On ne l'appliqua pas d'ailleurs sans trouver des difficultés réelles, de grandes résistances; elle fut souvent attaquée par les uns comme illégale; d'autres la condamnèrent comme contraire à l'esprit de charité chrétienne. Lamartine parlant en poète plutôt qu'en administrateur, exhalait ses plaintes éloquentes en faveur du tour qu'il représentait « les bras ouverts et les yeux fermés » (1).

La diversité incompréhensible de ces régimes amena le gouvernement, en 1819, a nommer une commission pour rétablir l'unité dans cette question. Les principaux membres de cette commission étaient Victor Lefranc, président; Valentin Smith, secrétaire; Giraud, de Watteville, etc... Elle déposa bientôt un projet de loi qui supprimait le tour et le remplaçait par un bureau d'admission, dans chaque hospice dépositaire. Un interrogatoire très détaillé était imposé à la personne qui déposait un enfant. Les orphelins et les abandonnés étaient reçus jusqu'à l'âge de quinze ans. Quant aux autres, on ne les recevait qu'au dessous de sept ans.

Ce projet trop sévère parut de nature à froisser l'esprit public; aussi, avant même qu'il fut déposé,

(1) Discours prononcé à la séance annuelle de la Société de morale chrétienne, le 30 avril 1838; cette même année, Lamartine interpella le Gouvernement à la Chambre des Députés.

une deuxième commission, s'inspirant des idées plus larges de Thiers, en élaborait un second dont l'esprit était diamétralement opposé au premier. Le tour restait obligatoire (1).

Les deux projets furent renvoyés au Conseil d'Etat qui les fondit en un seul : le tour devenait facultatif dans chaque département; il appartenait aux préfets de les ouvrir ou de les fermer, après avis du Conseil général (2).

Le projet du Conseil d'Etat, pas plus que les précédents, ne fut discuté devant les Chambres. On laissa au ministre de l'intérieur le soin de décider le maintien ou la suppression des tours.

Comme on le voit, la question n'avait pas fait un pas; tous les projets, tous les débats qu'ils avaient suscités, n'avaient abouti qu'à maintenir la situation préexistante.

En 1856, une nouvelle tentative fut faite par MM. Troplong et Portalis; un projet de loi fut déposé au Sénat, qui établissait, au moins, un tour obligatoire dans chaque département; d'un autre côté, il supprimait le secours aux filles-mères, enlevait aux commissions administratives la tutelle des enfants pour la donner à une commission spéciale; de plus, il proposait la colonisation de l'Algérie, par l'envoi des garçons âgés de dix ans et des filles âgées de seize ans (3). Ce projet de loi eut le sort de tous les précédents, et la question sommeilla jusqu'en 1877.

A cette date, le docteur Brochard, ému de la grande mortalité qui frappait les enfants en bas-âge, adressa une pétition au Sénat pour le décider à revenir à l'art. 3 du décret de 1811. M. Brochard était convaincu « que le grand fauteur et le grand coupable de la mar-

(1) « Moniteur Universel » de 1850, pp. 1,080 et suiv.
(2) « Moniteur Universel » de 1851, pp. 2,077 et suiv.
(3) « Moniteur Universel » de 1856, pp. 930 et 931.

che ascendante de l'infanticide et de l'avortement, qu'on pouvait constater de l'année 1822 à l'année 1874, n'était autre que la *suppression du tour* avec la *généralisation des secours aux filles-mères.* » Cette pétition fut l'objet d'un rapport favorable de la part de M. Bérenger, qui approuvait les conclusions de M. Brochard (1). La pétition de M. Brochard fut envoyée au ministre de l'intérieur et au garde des sceaux. Quelque temps après, M. Bérenger déposa sur le bureau du Sénat, le 17 février 1878, une proposition de loi tendant au rétablissement du tour. Le projet portait que dans chaque arrondissement, il y aurait un hospice d'enfants trouvés muni d'un tour, ouvert le jour et la nuit. Pris en considération par la haute assemblée le 1er juin 1878, ce projet s'est arrêté là, et n'a jamais eu l'honneur d'un vote.

Le 3 décembre 1881, M. de Lacretelle déposait un projet semblable à la Chambre des députés. Il ne se contentait pas d'un tour, il demandait qu'il y en eût dans chaque mairie.

Enfin, pour en terminer avec ces tentatives dont aucune n'a réussi, nous devons parler de la proposition qui fut faite à la Chambre des députés par M. de la Ferronnays, le 11 novembre 1890 et qui eut le même sort que les précédentes. Au cours de la discussion du budget, il déposa un amendement tendant, à titre d'essai, à l'ouverture d'un tour, à Paris. M. Joseph Reinach, rapporteur, combattit avec succès les conclusions de M. de la Ferronnays, il fit l'éloge mérité du bureau d'admission tel qu'il fonctionne à Paris; il ne voyait rien de plus désirable que l'extension de ce système à toute la France (2).

(1) Ce rapport est au « Journal Officiel » du 20 mai 1877.

(2) Les discours de MM. de La Ferronnays et de Reinach sont à l' « Officiel » du 12 nov. 1890. — La dernière proposition de rétablissement du tour qui nous soit connue fut faite à la session de

II. Le bureau ouvert est aujourd'hui le seul mode d'admission en vigueur. Il n'a pas été légitimement établi, mais il résulte de l'instruction ministérielle de 1823. Il consiste dans l'apport de l'enfant à l'hospice, immédiatement après sa naissance. Ce dépôt peut être fait par toute personne père, mère, sage-femme, etc. (1).

L'enfant qu'on veut déposer est présenté à un bureau dont la composition est fixée par un arrêté préfectoral. Il comprend d'ordinaire, l'administrateur-tuteur, le chef de bureau de la préfecture chargé du service des enfants assistés, l'inspecteur départemental, et la personne chargée de la garde des enfants (2).

Ce bureau est chargé de statuer sur l'admission ou le refus de l'enfant. En fait, la commission ne siège pas pendant tout le temps de l'ouverture du bureau ; elle ne se réunit que pour « enregistrer la déclaration de la religieuse ou du préposé qui a admis provisoirement l'enfant. La décision du bureau n'est pas elle-même définitive ; pour revêtir ce caractère, elle doit être approuvée par arrêté du préfet qui statue après enquête (3).

Quand la personne qui veut déposer un enfant se

1891 par M. Charles Laurent, au Conseil général de la Seine et combattue par M. Paul Strauss dans un rapport où sont rappelés tous les précédents de la question.

(1) A Paris, les sages-femmes ne peuvent faire de dépôt direct; elles doivent recourir à l'intermédiaire d'un commissaire de police. « Arrêté du préfet de police » pris en 1837 et toujours renouvelé. « Ordonn. » du 25 oct. et « jug. du Tribunal de la Seine » du 19 nov. 1845.

(2) Béquet, *Op. cit.*, n° 262.

(3) On ne peut pas donner des règles précises en cette matière, le fonctionnement de ce bureau étant fixé par des règlements locaux, il n'est pas le même dans tous les départements. Nous donnons les règles les plus usitées.

présente, l'employé chargé de l'admission, lui pose certaines questions. Il s'enquiert des noms et prénoms, lieu et date de la naissance de l'enfant ; de la déclaration qui a été faite à l'état civil ; des noms et domicile des parents ; il cherche à connaître le motif qui pousse à l'abandon, puis les personnes pouvant être tenues à l'égard de l'enfant, de la pension alimentaire etc...

Si la misère est la cause de l'abandon, l'employé s'efforce d'engager la mère à garder l'enfant en lui promettant un secours. Mais à cet interrogatoire la déposante n'est pas obligée de répondre ; elle en est préalablement avertie, et son refus n'empêche pas l'admission de l'enfant ; cependant, dans ce dernier cas, on la prévient qu'elle n'aura sur son enfant d'autres renseignements que celui-ci : l'enfant est vivant ou l'enfant est décédé. Le déposant doit, de plus, apporter l'acte de naissance de l'enfant, mais le défaut de production n'est point un obstacle à son admission. Tel est le système pratiqué à Paris (1) et dans certains départements (2), système très large, on le voit, et qui garantit le secret aussi bien que le tour, lorsque le déposant ne donne aucun renseignement ni sur la mère, ni sur l'enfant. L'honneur de la famille est ainsi très sûrement sauvegardé.

Ces réflexions sont surtout vraies pour la Seine et quelques autres départements; mais il n'en est pas ainsi de bien d'autres où, dans le but de se décharger des frais d'éducation de l'enfant, l'administration se livre à toute une série d'enquêtes pour établir le domicile de secours. Ces enquêtes révèlent souvent le fait

(1) A Paris, le bureau d'admission n'est pas composé comme en province, c'est l'administration de l'hospice situé, rue Denfert-Rochereau, qui forme ce bureau.

(2) Haute-Garonne, Seine-Inférieure.

et le portent justement à la connaissance de ceux à qui on avait intérêt à le cacher.

III. — Quelles pièces doit-on fournir pour l'admission des enfants dans les hospices ? Ces pièces varient suivant qu'il s'agit de l'une ou de l'autre catégorie. S'agit-il d'un enfant trouvé ? L'enfant doit être remis à l'officier de l'état civil ainsi que les vêtements et autres effets trouvés avec l'enfant ; toutes les circonstances de l'exposition lui sont également déclarées; il en est dressé un procès-verbal détaillé énonçant en outre, l'âge de l'enfant, son sexe, les noms qui lui sont donnés, l'autorité civile à laquelle il sera remis (art. 58, C. C.); puis l'enfant est apporté à l'hospice, avec une copie du procès-verbal qui est transcrite sur les registres de l'hospice (Instr. min. de 1823).

S'il s'agit d'un enfant abandonné ou d'un enfant dont les parents sont détenus ou en traitement dans un hospice, l'admission ne peut avoir lieu que sur la production d'un acte émanant de l'autorité compétente, constatant ou l'absence des parents, ou leur détention, s'ils ont été condamnés, ou leur traitement dans un hospice.

Pour les orphelins pauvres, leur admission est subordonnée à la production : 1° de l'acte de naissance; 2° de l'acte de décès des père et mère ; 3° d'un certificat constatant leur manque de ressources ; 4° à une enquête faite par un agent de l'administration qui est ordinairement l'inspecteur départemental. Après que toutes ces formalités sont remplies, le préfet doit approuver la décision du bureau qui prononce l'admission.

Sitôt admis à l'hospice, l'enfant est inscrit sur un registre spécial à la catégorie dont il fait partie, et sur lequel sont encore mentionnés « tous les détails possibles sur la vie de l'enfant, depuis son entrée à l'hospice jusqu'à sa douzième année; tout ce qui concerne sa santé, son éducation, les biens qu'il possède, les dépenses qu'il occasionne ; à partir de ce moment, il est tout à fait à la charge de l'administration, qui doit subvenir à tous ses besoins. Mais qui supportera, en définitive, tous les frais de son éducation ? Cette question nous amène à parler du domicile de secours, qui sert de base pour déterminer sur qui doivent peser les dépenses faites pour l'enfant assisté.

La constitution de 1793 ayant édicté que tout citoyen indigent avait droit à l'assistance, il était nécessaire de déterminer le lieu où il pourrait réclamer cette assistance. C'est ce que fit la loi du 24 vendémiaire an II.

IV. — Elle établit que le domicile de secours est : 1° au lieu de la naissance, jusqu'à vingt-un ans ; 2° dans la commune où l'on a un an de résidence, après vingt-un ans Voilà la règle. Appliquée aux enfants assistés, cette règle aurait entraîné des inconvénients graves ; il arrive presque toujours que les filles-mères quittent leur pays pour aller cacher leur faute dans un lieu où elles sont inconnues ; elles choisissent de préférence les grandes villes ; elles déposent leur enfant et retournent dans leur pays. Il en résulterait pour certains départements un grand nombre d'enfants et un surcroît de dépenses considérables. Aussi l'article 3 de la loi de vendémiaire établit que les nouveau-nés auront leur domicile de secours au domicile habituel de la mère au moment où ils sont nés. « C'est une prévoyance du législateur, qui n'a pas voulu que le hasard seul du fait de l'accouchement de la mère dans une localité à laquelle, du reste, aucun lien, aucun intérêt ne la rattachent, puisse entraîner pour cette localité une charge onéreuse et durable (1). »

(1) Nous verrons que les dépenses des enfants assistés constituent surtout une charge départementale bien que l'État et ses communes y contribuent.

Par domicile habituel, la loi ne veut pas parler du domicile de secours de la mère, mais du domicile dont parle l'article 102, C. C., c'est-à-dire du lieu où la mère a son principal établissement; c'est l'application du droit commun; à défaut de domicile, la résidence actuelle et ordinaire de la mère servira pour déterminer le domicile de secours de l'enfant.

La règle n'est pas la même pour les enfants nés de femmes détenues dans les prisons ou de femmes aliénées internées dans les asiles. L'enfant aura son domicile de secours dans la commune où sa mère était domiciliée avant son internement. Cependant l'article 3 n'avait pas toujours été appliqué en ce qui concerne les enfants de détenues. Une circulaire ministérielle du 25 janvier 1841 avait établi que les enfants nés en prison devaient être à la charge du département où est située la prison, et ceux nés avant l'emprisonnement de la mère, à la charge du département où la condamnation avait été prononcée. Cette circulaire était en opposition complète avec la loi de vendémiaire. Aussi a-t-elle été rapportée par une circulaire du 23 octobre 1851 qui est revenue à l'application de la loi de vendémiaire (1).

Le domicile de secours étant le lieu où l'indigent peut demander assistance, on comprend très bien qu'un département ait grand intérêt à faire établir ce domicile pour tous les enfants qui sont reçus dans les hospices dépositaires. Si ce domicile est placé dans le département, les frais d'entretien de cet enfant seront à sa charge; s'il est, au contraire, dans un autre département, l'enfant sera envoyé à l'hospice dépositaire de son domicile; et cet intérêt est d'autant plus grand que l'admission des enfants est facile.

Ce domicile de secours, dont les effets, au point de

(1) Watteville, « Législation charitable. »

vue pécuniaire, sont légitimes, cause, au point de vue moral, des résultats désastreux. En effet, quand le domicile de secours est situé hors du ressort de l'hôpital dépositaire, l'administration préfectorale qui a recueilli l'enfant fait tous ses efforts pour se décharger de l'entretien de l'enfant sur celle du domicile de secours ; celle-ci, de son côté, cherche à l'éviter ; une correspondance très active s'établit ; les renseignements les plus minutieux sont demandés dans le lieu de naissance de la mère ; les enquêtes se succèdent tant et tant, que ce secret, qu'on espérait devoir être gardé scrupuleusement par le préposé de l'hospice, se trouve divulgué et porté à la connaissance de tout le personnel de l'ordre administratif.

A Paris, le rapatriement se fait dans le plus grand secret, et même, depuis 1891, on ne commence jamais les recherches sans qu'au préalable on ne se soit assuré que la procédure à suivre ne causera aucun préjudice moral à la mère (1).

Il est à souhaiter que ce domicile de secours disparaisse par l'abrogation de la loi de Vendémiaire. Le vœu en a été souvent formulé, même au sein de la Chambre des députés (2). Mais la principale opposition à la réalisation de ce vœu vient de la difficulté de trouver comment et par qui seront indemnisés les départements qui, par suite de leur situation ou (3) des facilités d'admission qu'ils présentent, ont à leur charge un très grand nombre d'enfants assistés (4). Les inconvénients signalés ne se produi-

(1) Rapport de M. Paul Strauss au Conseil général de la Seine pour l'année 1891, p. 26.

(2) Lire le discours de Reinach, « Officiel » du 11 nov. 1890.

(3) Voir, page 95.

(4) La Jurisprudence ministérielle a remédié en partie à ces résultats en décidant que le domicile de secours de l'enfant sera au lieu de sa naissance, si avant l'accouchement la mère a témoigné l'intention de s'y fixer. Didierjean, *Op. cit.*

sont pas dans le cas de rapatriement d'orphelins pauvres ou d'enfants de détenues ; il n'y a pas ici de secret à garder.

S'il s'agit d'un enfant étranger appartenant à un pays qui admet le rapatriement, l'administration en fait la demande par voie diplomatique, et l'enfant est envoyé dans son pays d'origine.

La question des tours.

V. — Il nous reste à étudier la controverse célèbre appelée la question des tours ; c'est la lutte entre les partisans du tour et ses détracteurs. Depuis plus d'un demi-siècle que dure le débat, la question n'a pas fait un pas : ce sont toujours les mêmes arguments produits de part et d'autre, tirés des considérations les plus élevées de la morale, de l'intérêt social, de l'humanité, et, de part et d'autre, le même zèle, le même acharnement à prouver la supériorité du système adopté sur le système contraire.

Avant d'entrer dans la discussion de ce débat important, nous devons dire un mot d'un mode d'admission qui fonctionna pendant quelque temps dans certains départements avant que les tours ne fussent complètement fermés ; nous voulons parler du tour surveillé. Que faut-il penser de ce mode d'admission ? C'est sans contredit le plus détestable de tous. Il lui manque le seul avantage du tour libre, celui d'assurer le secret. « S'appliquant aveuglément à tous les cas, il n'admet point les délicatesses compatibles avec le bureau d'admission. » Ouvrir un tour et le surveiller, c'était tromper les malheureuses mères qui, confiantes, venaient déposer leur enfant, espérant rester seules gardiennes de leur secret, c'était tendre un piège à leur faiblesse. Ce système, « tortueux et sans franchise », était une honte pour le caractère chevaleresque de notre nation (1).

Quel est du tour ou du bureau d'admission le mode préférable, celui que l'on doit adopter? Pour nous, d'après l'expérience faite et les résultats obtenus, le bureau d'admission établi dans certaines conditions, nous paraît de beaucoup supérieur au tour.

VI. — Le tour est un système de secours aveugle; il reçoit sans exception tous les enfants placés dans sa coquille, sans indiquer si l'indigence, le désespoir ou la crainte du déshonneur exigent que les parents soient déchargés du soin de leur entretien et de leur éducation; « il dispense de toute justification (2). » Cette facilité d'admission ne peut causer que des abus; et l'expérience l'a bien démontré. A partir de 1811, on vit des parents dénaturés se débarrasser, grâce au tour, de leurs enfants légitimes (3); certaines mères se faire une source de profits du dépôt de leurs enfants, qu'elles revenaient ensuite chercher comme nourrices (4); des sages-femmes faire métier de transporter au tour les enfants des filles-mères, qu'elles allaient solliciter jusque dans leur domicile (5). Dans le tour, l'inconduite trouve un encouragement; la conséquence d'une faute n'est plus à redouter quand il est si facile d'en supprimer le résultat.

En outre, le tour encourage les abandons; il offre une occasion facile à ceux qui veulent se débarrasser de leurs enfants; il constitue une tentation de tous les instants pour les parents qui éprouvent des

(1) « J. des Economistes », t. 22, p. 373.
(2) De Gérando, « De la Bienfaisance publique ».
(3) Semichon, « Histoire des enfants abandonnés », p. 237.
(4) « J. des Economistes », t. 134, p. 383.
(5) Semichon, *Op. cit.*, p. 261.

difficultés réelles à entretenir leurs enfants et qui, dans un moment de découragement, perdant la tête, peuvent céder à ses offres malfaisantes. Appareil muet, le tour ne peut les arrêter dans cette minute d'égarement, ni les empêcher de regretter plus tard cet acte funeste. C'est donc avec beaucoup de raison qu'Henry Brougham appelait le tour « la plus belle petite machine à démoralisation qu'on ait pu inventer. »

« Le tour n'est pas seulement la boite aux abandons, il est encore la boite aux infanticides (1). Que de coupables, interrogés sur la disparition de leur enfant, répondaient qu'ils l'avaient mis au tour, où souvent ils l'avaient déposé à demi étouffé ». L'administration de l'hospice le classait sous la rubrique « trouvé mort au tour » et elle devenait ainsi la complice inconsciente de ceux dont elle cachait les crimes (2).

VII. — La première condition d'une charité efficace, c'est d'être faite avec intelligence, avec discernement; en un mot, elle doit être éclairée. Comme le dit de Gérando « nul ne doit être admis à invoquer le secours s'il ne justifie du besoin qu'il en a (3). » C'est là le grand avantage du bureau d'admission, mais ce n'est pas le seul. Dans beaucoup de cas, il peut conserver l'enfant à sa mère et prévenir l'abandon par ses conseils, soit en lui montrant les conséquences fatales de cet acte, soit en lui accordant un secours temporaire.

La présence de l'enfant est presque toujours la

(1) « J. des Econom., t. 137, p. 309. Voir aussi le discours, déjà cité, de M. Reinach, à la Chambre des députés.

(2) D'après le docteur Dubreuilh, de 1820 à 1837, 50 enfants auraient été trouvés morts au tour de Bordeaux. « J. des Econom. », t. 136, p. 416.

(3) *Op. cit.*, t. 2, p. 301.

garantie d'une meilleure conduite de la part de la mère. Le mariage est quelquefois obtenu et la légitimation de l'enfant en est la conséquence (1). En outre, les statistiques démontrent que la mortalité est bien moins grande parmi les enfants secourus temporairement que parmi les enfants recueillis à l'hospice (2). Nul ne saurait contester que l'enfant est mieux soigné par la mère qu'il ne le serait par l'administration si dévouée qu'elle puisse être.

« A priori, sans doute, répliquent les partisans du tour ; mais les filles-mères ne donnent pas à leurs enfants les soins nécessaires. Car, dit le docteur Brochard, pour qu'elles nourrissent leurs enfants, il faut qu'elles le veuillent et qu'elles le puissent. Or, ces deux conditions font presque toujours défaut chez les filles-mères des grandes villes qui sont vouées à la débauche ou à la misère. Le secours à domicile, d'après M. Brochard, n'est bon qu'à la campagne et dans les petites villes. »

Je recueille ce dernier et précieux aveu et je trouve que l'appoint des campagnes et des petites villes n'est point négligeable ; quant aux grandes villes si le secours est moins efficace, c'est que la cherté des vivres le rend relativement plus faible ; il n'y aurait qu'à l'élever et surtout à en prolonger la durée. Les dernières raisons invoquées par le docteur Brochard ne sont donc pas suffisantes pour le rétablissement du tour et la suppression du secours à domicile.

VIII. — Les partisans du tour ont fait au système

(1) Semichon, *Op. cit*, p. 250.

(2) D'après M. d'Haussonville, la mortalité n'est que de 29 0/0 pour les enfants secourus à domicile, tandis qu'elle est de 57 0/0 pour les autres. Mêmes résultats constatés dans la Seine-Inférieure (Semichon, *Op. cit.*, p. 257), dans les Vosges et la Nièvre (Diderjean, « les Enf. assistés, p. 117). Voir aussi « J. des Econom. », t. 137, p. 310.

actuel des reproches très graves, nous devons examiner s'ils sont fondés.

« On prétend que la cause principale de l'établissement du bureau d'admission et du secours à domicile a été une raison d'économie, et que cette économie a eu pour conséquence la mort de milliers d'enfants. »

D'abord nous venons de le démontrer plus haut, il est faux de prétendre que le bureau ouvert ait augmenté la mortalité des nouveau-nés, puisque c'est le contraire qui est la vérité. Quant à l'économie qui devait en résulter, elle a beaucoup contribué sans doute à la fermeture des tours. Devant les charges réellement menaçantes de l'Etat, des hospices, des départements et des communes, une résolution énergique s'était imposée (1). Mais on peut répondre que ce reproche perd chaque jour sa raison d'être. Tous les ans la dépense faite pour le service des enfants assistés s'élève de plus en plus : en 1880, les dépenses pour tout le territoire français ont été de 13,268,648 fr. (2); en 1885, de 16,394,313 fr. 44 (3).

Un autre grief contre le régime actuel, c'est l'augmentation des infanticides et des avortements qui s'est produite dès 1828 et qui était la conséquence de la fermeture des tours. Pour faire admettre son enfant à l'hospice, nous dit-on, la malheureuse mère est obligée de se faire connaître, de subir un véritable interrogatoire, pour qu'on puisse établir son domicile de secours, d'avouer sa honte au personnel du bureau

(1) De 40,000 qu'il était en 1784, le nombre des enfants assistés était arrivé à 310,916, et les dépenses, qui étaient de 7 millions en 1811, étaient de plus de 18 millions en 1833 (« J. des Econom. », 1878, t. 136, p. 400).

(2) « Grande Encyclopédie, » v° « Ass. publique. »

(3) « Publicat. du Conseil supérieur d'Assist., » fascicule 24.

dont elle a à redouter les indiscrétions (1). Plutôt que de se soumettre à cette rude épreuve, et pour s'assurer un secret qu'on lui refuse, la mère, qui n'a plus la ressource du tour, ne recule pas devant un infanticide ou un avortement, et les chiffres sont là pour prouver la réalité de ces craintes. M. Brochard en donne dans son livre, la *Vérité sur les tours* (2); M. Marjolin en donne aussi pour justifier ces appréhensions (3).

Nous ne discuterons pas ces données de la statistique d'abord parce que, comme on le verra, on peut en opposer de contraires, aussi concluantes, ensuite parce que, à notre avis, il n'y a aucun rapport, aucune relation entre l'infanticide, l'avortement et le tour :

1° En ce qui concerne l'infanticide.

Quelles sont les mères qui sont de nature à exiger le secret? Ce ne sont pas les femmes perdues « dont la vie entière est un long défi jeté à l'opinion », ni celles dont le dévergondage ignoré du public, mais connu de leur famille, ne les expose plus à aucun reproche. Qu'importe aux unes comme aux autres que le tour existe ou n'existe pas? Se débarrasser de l'enfant qui gênerait leurs désordres, voilà ce qu'elles veulent, le moyen leur importe peu. Sans doute le tour offrirait une occasion plus facile, mais le bureau d'admission n'est pas fait pour les effrayer. Reste la jeune fille séduite, qui a tout fait pour cacher à ses proches, à ses amis, la faute « qu'elle voudrait se cacher à elle-même » ; arrivée au moment fatal, le tour l'empêchera-t-elle de commettre un crime? Non. Pour porter l'enfant au tour,

(1) Ce reproche n'est pas fondé en ce qui concerne Paris et certains départements. Voir, page 83.

(2) On les trouvera reproduits dans un rapport de M. Béranger. « J. officiel du 29 mai 1877 ».

(3) « J. des Econom. », 1878, t. 136, p. 413.

il faut le remettre à quelqu'un; c'est là livrer ce secret qu'on a eu tant de peine à cacher, c'est se donner un confident de sa honte; à tout prix, elle l'évitera. Affolée, en proie à un véritable délire, elle ne voit dans son enfant qu'une source d'infamie, une cause de flétrissure pour l'avenir, et elle ne trouve qu'un seul moyen d'empêcher le déshonneur : la suppression immédiate de l'enfant. Il est certain que la mère ne se porte au meurtre de son enfant qu'au moment même de sa naissance et quand sa maternité est demeurée inconnue de tous (1). Pour que le tour vînt l'arrêter dans cette funeste besogne, il faudrait qu'il se trouve sous sa main, à l'endroit même où elle a accouché.

Ces considérations puisées dans la nature même (2), prouvent péremptoirement qu'il n'existe aucun rapport entre la suppression des tours et le nombre des infanticides. D'ailleurs, M. de Watteville démontre que de 1826 à 1854, l'augmentation des infanticides la plus faible s'est produite dans les départements qui ont fermé jusqu'à six tours, tandis que la plus forte s'est produite dans ceux qui n'en avaient fermé que deux ou un (3).

2° En ce qui concerne l'avortement.

Est-il vrai, comme on le prétend, que l'existence d'un tour, aurait pour conséquence d'empêcher une femme de pratiquer sur elle des manœuvres abortives ? Non. Pour porter un enfant au tour il faut attendre qu'il soit né; or, sa naissance la préoccupe fort peu, et la perspective de pouvoir facilement se débar-

(1) En 1838, sur 129 infanticides, l'accouchement avait été clandestin pour 125. « J. des Econom. », 1878, t. 131, p. 386.

(2) Certains partisans du tour reconnaissent qu'elles sont exactes, le docteur Marjolin entr'autres (« J. des Econom. », t. 136, p. 414).

(3) Rapport sur les tours, les abandons, les infanticides et les mort-nés.

rasser de lui ne saurait l'arrêter dans sa détermination. Ce qu'elle veut éviter, ce qui l'effraie, c'est la grossesse avec ses ennuis, la grossesse qui la gêne, qu'il faut cacher et qui, à chaque instant, peut devenir la cause d'un éclatant scandale. Aussi, pour s'y soustraire, elle n'hésite pas à se soumettre à de rudes et dangereuses manœuvres ; pour avoir la vie de son enfant, elle ne craint pas d'exposer la sienne. Peut-on penser que dans des conditions pareilles, l'existence du tour ait la moindre influence sur cette situation désespérée ?

Il reste établi, croyons-nous, que le bureau d'admission, c'est-à-dire le système actuellement employé, est préférable au tour.

Il ne s'ensuit pas qu'il soit à l'abri de tout reproche. Le plus grave qu'on puisse lui faire, c'est celui de n'être pas partout le même. Dans certains départements, on le pratique avec générosité, avec largesse même, sans imposer au déposant l'obligation de répondre à un véritable interrogatoire ; dans d'autres, au contraire, on s'efforce d'établir le domicile de secours de la mère pour économiser les frais d'entretien de l'enfant. Le taux du secours à domicile est généralement trop peu élevé et varie de département à département. Au législateur il appartient d'établir l'uniformité en donnant satisfaction aux desiderata suivants :

1° Fixation d'un minimum pour les secours à domicile ;

2° Faculté pour le déposant de répondre ou non aux questions posées ;

3° Suppression du domicile de secours.

Cette dernière réforme nécessiterait une refonte de la législation au point de vue financier ; car elle aurait pour conséquence, nous l'avons déjà fait remarquer, de mettre à la charge de certains départements (notamment ceux où se trouvent les grandes villes) tous les enfants abandonnés des départements voisins (1). Mais nous croyons que la faculté de ne point répondre aux questions posées, généralisée, établie partout, atténuerait sensiblement cet inconvénient et donnerait lieu à un échange d'enfants de département à département (2).

Ces réformes auraient pour résultat d'améliorer l'état des choses actuel; mais elles ne remédieraient pas à tous les maux; un obstacle insurmontable est formé par cette nécessité de premier ordre qui oblige à compter avec les finances de l'Etat; la charité légale a malheureusement des limites forcées; à la charité privée il appartient d'intervenir et de combattre dans la mesure de ses moyens l'irrémédiable imperfection de toute institution humaine.

(1) A la session d'août 1887, les conseils généraux de la Gironde et des Bouches-du-Rhône se sont émus du grand nombre de filles-mères qui, trouvant dans les grandes villes plus de facilités pour cacher leur faute, viennent s'y réfugier des départements voisins; et, comme remède à cet état de choses, le conseil général de Marseille proposa de centraliser les dépenses du service entre les mains de l'Etat, chaque département y subvenant en proportion de sa population. On pourrait de cette façon renoncer aux enquêtes qui ont pour but d'établir le domicile de secours (De Crisenoy, « les Conseils généraux », session d'août 1887, t. 2, pp. 81 et 85).

(2) Nous croyons, en effet, que le grand nombre d'enfants porté des provinces dans les bureaux d'admission des grandes villes est dû, en partie, à la possibilité déjà existante de ne point donner les renseignements demandés par l'administration.

CHAPITRE III

Des hospices dépositaires. — Du placement à la campagne

I. DES HOSPICES DÉPOSITAIRES. — II. MISE DE L'ENFANT EN NOURRICE. — III. DU RECRUTEMENT DES NOURRICES. — IV. LA LOI DU 23 DÉCEMBRE 1874 S'APPLIQUE-T-ELLE AUX ENFANTS ASSISTÉS? — V. MISE EN PENSION DE L'ENFANT. — VI. SA MISE EN APPRENTISSAGE. — APPENDICE : COLONISATION DE L'ALGÉRIE PAR LES ENFANTS ASSISTÉS.

I. — Les enfants assistés sont recueillis dans les hospices dépositaires. D'après le décret de 1811, il devait y en avoir un par arrondissement; mais ce décret ne fut pas toujours respecté; l'enquête de 1860 constata que certains départements en avaient plusieurs, tandis que d'autres n'en avaient aucun. L'hospice dépositaire est désigné par arrêté préfectoral. Il doit être choisi parmi les plus riches, les mieux situés et ceux qui ne reçoivent pas de malades. L'hospice n'est pour l'enfant recueilli qu'un lieu de passage où il doit séjourner le moins possible; ce séjour à l'hospice ne pourrait que lui nuire au point de vue de la santé, de son éducation et de son avenir (1). Pendant ce court espace de temps, il est confié à des nourrices sédentaires, c'est-à-dire à des femmes qui lui donnent l'allaitement naturel (2); à défaut, il

(1) Circulaire du 3 août 1869.
(2) L. du 5 mai 1869, art. 2 et circ. de 69.

est nourri au biberon. Dès son arrivée à l'hospice, il est vacciné, à moins que l'état de sa santé ne s'y oppose. Il doit être également baptisé.

II. — Aussitôt que cela est possible, l'enfant est donné à une nourrice et envoyé à la campagne.

L'art. 1er de la loi du 30 ventôse an V l'avait décidé et l'art. 7 du décret du 19 janvier 1811 a reproduit sur ce point les mêmes dispositions. Avant son départ, l'enfant est marqué d'un signe distinctif qui a pour but d'empêcher toute substitution. Cette marque consiste aujourd'hui en un collier portant un petit médaillon où est gravé le numéro matricule de l'enfant. L'enfant conserve ce signe distinctif jusqu'à l'âge où sachant parfaitement parler, il connait son nom et est connu dans la localité qu'il habite c'est-à-dire jusqu'à 5 ou 6 ans. Dès que l'enfant a quitté l'hospice, il n'y revient que dans des cas de maladie fort grave, lorsque les soins qu'il recevrait de la nourrice sont insuffisants, ou lorsque son esprit insubordonné exige qu'il soit soumis à un régime sévère.

III. — Du recrutement des nourrices — Le recrutement des nourrices s'est toujours fait, du moins dans les grandes villes, par des individus appelés *meneurs ou meneuses* qui, après en avoir rassemblé un certain nombre, les conduisent dans des bureaux de placement. Cette sorte d'industrie fut réglementée par une ordonnance de 1350 rendue par le roi Jean.

Un arrêt de 1611 défendit aux meneurs de conduire les nourrices ailleurs qu'aux bureaux des *recommanderesses* (on appelait ainsi les directrices du bureau de placement). Ces établissements étaient surveillés par la police, et la direction du service était confiée à un bureau central. Ce service fonctionna jusqu'à en 1821, époque à laquelle les abus amenèrent la suppression des meneurs; ils furent remplacés par des préposés chargés eux aussi de recruter des nourrices, de les envoyer chaque mois sous la conduite d'un agent, de les surveiller à leur retour et de les payer quatre fois par an, enfin de correspondre avec l'administration. Les meneurs étant supprimés, il se forma des établissements particuliers qui les employèrent et qui, par l'intermédiaire de sages-femmes, se procurèrent des nourrissons.

Ces bureaux n'offraient aucune garantie, aussi les abus ne tardèrent pas à se produire; une ordonnance du préfet de police en 1828 exigea des meneurs un certificat constatant des moyens d'existence suffisants et de bonnes mœurs; les meneurs durent aussi justifier de leurs ressources et faire connaître leurs moyens de transport. En 1842, de nouvelles règles plus rigoureuses furent établies au sujet des nourrices. Un certificat médical constatant son aptitude à être nourrice dut être fourni par toute personne voulant se charger d'un enfant. Les directeurs de bureaux furent astreints à la tenue de registres contenant toute espèce de détails sur la nourrice, son mari et le meneur, sur le nourrisson et ses parents. Enfin aucun bureau n'était ouvert sans autorisation du préfet de police, laquelle n'était jamais accordée sans enquête préalable sur la moralité et les ressources du postulant. L'autorité avait fixé le nombre de nourrices qui pouvaient être reçues dans l'établissement. Ces ordonnances réglèrent ainsi la matière jusqu'à l'élaboration de la loi de 1874 (23 décembre). Les bureaux de nourrices sont réglementés par l'article 11 qui est ainsi conçu : Nul ne peut ouvrir ou diriger un bureau de nourrices, ni exercer la profession d'intermédiaire pour le placement des enfants en nourrice, en sevrage ou en garde, ni pour le louage des nourrices, sans en avoir obtenu l'autorisation préable du préfet de police dans le département de la Seine ou du préfet dans les autres départements. Toute personne qui exerce sans autorisation l'une ou l'autre de ces professions et qui néglige de se conformer aux conditions de l'autorisation et aux prescriptions des règlements est punie d'une amende de 16 à 100 francs; en cas de récidive, la peine d'emprisonnement prévue par l'art. 480 du code pénal peut être prononcée. Ces mêmes peines sont applicables à toute sage-femme et à toute autre intermédiaire qui entreprend, sans autorisation, de placer des enfants en nourrice, en sevrage ou en garde. Si, par suite de la contravention ou d'une négligence de la part de la nourrice ou d'une gardeuse, il en résulte un dommage pour la santé d'un ou plusieurs enfants, la peine d'emprisonnement peut être prononcée. En cas de décès d'un enfant, l'application des peines portées à l'article 319 du code pénal peut être prononcée.

L'assistance publique de la Seine envoie ses enfants dans les départements voisins qui sont divisés en 30 circonscriptions: L'administration des circonscriptions comprend 1° un préposé en chef, représentant de l'administration centrale, qui doit visiter les enfants placés dans son district; 2° des médecins chargés de soigner les enfants malades et de recruter les nourrices. — Les nourrices sont envoyées à Paris par les soins du directeur de l'agence à qui elles sont adressées. Elles doivent produire un certificat du maire de leur commune attestant qu'elles sont mariées et de bonne vie et mœurs. A leur arrivée à Paris elles sont visitées par les médecins de l'hospice. Sur leur rapport, on leur confie un nourrisson ou on le leur refuse.

Dans les départements où le nombre des enfants assistés n'est pas considérable, le placement à la campagne est fait directement par l'inspecteur départemental, qui est chargé de recruter les nourrices. Comme à Paris, elles doivent fournir des certificats sur leur situation de femmes mariées ou veuves, sur leur conduite; elles sont également visitées à leur arrivée à l'hospice par les médecins qui constatent l'âge de leur lait et leur état de santé. (Circulaire de 1823).

IV. — Avant d'aller plus loin nous devons nous demander si la loi du 23 décembre 1874 sur la protection des enfants du premier âge s'applique aux pupilles de l'assistance. Le but de cette loi est de protéger la vie et la santé de l'enfant mis en nourrice, en le plaçant sous la surveillance de l'autorité publique. (Art. 1er).

Sous l'ancien régime, l'industrie nourricière avait été l'objet d'une réglementation dont les différentes prescriptions étaient contenues dans le code des nourrices. Parmi les dispositions nombreuses qu'il contenait, certaines ont subsisté jusqu'à nos jours : notamment : 1° la production par la nourrice d'un certificat du curé (c'était alors l'officier de l'état civil), sur sa moralité ; la défense d'avoir plusieurs nourrissons (à peine du fouet contre la nourrice et de 50 livres d'amende contre son mari déclaration de 1715) ; 2° la visite de la nourrice et du nourrisson par le médecin et le chirurgien délégué par le préfet de police (ord. de Mr de Sartine, lieutenant général de police, 17 déc. 1762). Mais le défaut de surveillance rendit ces prescriptions à peu près illusoires. En 1769, une déclaration royale du 24 juillet ordonna la création d'un ou plusieurs inspecteurs de tournée qui se transporteraient dans tous les endroits où se trouvaient des nourrissons de Paris, à l'effet de visiter ces nourrissons et d'exécuter tout ce qui leur serait ordonné par le lieutenant général de police. Ces mesures furent-elles appliquées ? il semble que non, que cette inspection n'a existé que sur le papier.

Dès 1858, le docteur Bertillon adressa à l'Académie de médecine de Paris un rapport dans lequel il signalait la mortalité excessive qui frappait les enfants du premier âge. Pareillement, une communication d'un autre docteur du Morvan, M. Monot, parvenue à cette académie, releva que, dans cette partie de la France, les nouveau-nés d'un jour à un an mouraient dans la proportion terrifiante de 70 %. Des pétitions multiples adressées aux assemblées législatives amenèrent l'élaboration de la loi du 23 décembre 1874 à laquelle la reconnaissance publique a donné le nom de son principal auteur, l'honorable docteur Théophile Roussel (1). Les dispositions de cette loi peuvent se résumer aux points suivants : 1° Déclaration imposée à toute personne qui place un enfant en nourrice, en garde ou en sevrage, et à toute personne qui a reçu un nourrisson moyennant salaire ; 2° Obligations imposées aux nourrices, gardeuses ou sevreuses moyennant salaire; 3° Système de surveillance à la tête duquel se trouve le Préfet, assisté d'un comité départemental dont les attributions sont purement consultatives.

Pour assurer l'exécution de la loi, des commissions locales sont instituées dans les parties du département où l'utilité s'en fait sentir. Enfin le principal agent de la surveillance est constitué par un corps de médecins-inspecteurs, nommés par le ministre, qui ont pour mission de veiller à ce que l'enfant soit bien soigné, de réprimer les abus, d'avertir les parents en cas de nécessité. Le ministre de l'intérieur assisté d'un comité supérieur, a la haute main sur le service. Le comité supérieur réunit et coordonne les documents transmis par les comités départementaux, dresse un rapport sur la mortalité des enfants et sur les mesures propres à assurer et à étendre les bienfaits de la loi.

De ces trois points, nous croyons que seuls le 1er et

(1) Tous les détails qui précèdent ont été empruntés au rapport de la loi contenu dans l'*Officiel* des 26 et 27 juillet 1874.

le 2me s'appliquent aux enfants assistés, parce qu'ils créent un état de choses nouveau et que la loi de 1874 ne distingue pas. Quant au troisième, celui qui organise les corps chargés de veiller à la protection des enfants du premier âge, il ne s'applique pas aux pupilles des hospices, parce qu'il existe un système de surveillance spécial pour eux et que, du concours de ces deux surveillances il ne pourrait résulter que des conflits (1). Nous pouvons donc négliger de développer ce troisième point.

1° *Déclarations imposées à toute personne qui place un enfant en nourrice, en garde ou en sevrage et à celle qui le reçoit.* — Aux termes de l'article 7, toute personne qui place un enfant en sevrage, en garde ou en nourrice est tenue d'en faire la déclaration à la mairie de la commune où a été faite la déclaration de naissance de l'enfant et de remettre à la nourrice ou gardeuse un bulletin contenant un extrait de l'acte de naissance de l'enfant qui lui est confié. Pour les enfants assistés, ces déclarations seront faites par l'administration de l'hospice ou par l'inspecteur départemental. La nourrice ou sevreuse est également tenue de déclarer, dans les trois jours de son arrivée, qu'elle a reçu un enfant et de remettre le bulletin à la mairie de son domicile. En cas de changement de résidence par la nourrice ou en cas de retrait de l'enfant par les parents, pareille déclaration doit être renouvelée dans le même délai. Le défaut de déclaration est sanctionné par l'application de l'article 346 du Code pénal qui prononce un emprisonnement de six jours à six mois et une amende de

(1) Cependant lorsque la surveillance des enfants assistés ne présentera pas autant de garanties que celle organisée par la loi de 1874, les enfants assistés, de moins de 2 ans, seront soumis, ainsi que leurs nourrices, aux visites réglementaires des médecins inspecteurs (circ. min. int. du 14 juin 1880). Bull. off. min. int. 1880, p. 214).

seize à trois cents francs. Mention de ces déclarations est faite sur un livret délivré à la nourrice par la préfecture, lors de la remise de l'enfant (1).

2° *Obligations imposées aux nourrices sevreuses ou gardeuses.* — Ici il importe d'établir une distinction entre les obligations imposées à toute femme demandant à nourrir un enfant et celles imposées à la femme qui a reçu un enfant.

a) *Obligations imposées à celle qui demande à nourrir, garder, etc... un enfant.* — La loi de 1874 a consacré l'obligation établie par la circulaire de 1823 de fournir des certificats. Elle en exige deux : l'un émanant du médecin, l'autre du maire. Le certificat médical doit attester que la femme remplit toutes les conditions voulues pour élever un nourrisson ; celui du maire doit donner tous les détails nécessaires sur l'état civil de la nourrice et de son mari ; sur les moyens d'existence et la conduite de la nourrice ; il doit indiquer la date de la naissance de son dernier enfant et s'il est vivant ; il contiendra en outre la déclaration de la nourice constatant qu'elle est pourvue d'un berceau et d'un garde-feu. Le maire doit faire connaitre si la nourrice a déjà nourri d'autres pupilles de l'administration, à quelle époque, quelle a été la cause des retraits, et enfin si elle a conservé les carnets qui lui avaient été délivrés.

b) *Obligations imposées à celle qui a reçu un enfant.* — La nourrice doit présenter, dès son arrivée, l'enfant à la mairie de son domicile et cette présentation a pour résultat de la placer sous la protection du maire. Ce fonctionnaire veillera à tout ce qui intéresse l'enfant. Sitôt que l'enfant est parvenu dans sa commune et lui a été présenté, il doit faire connaître toutes les déclarations sus-mentionnées : 1° au

(1) A Paris et à Lyon, les livrets sont délivrés par la préfecture de police.

maire de la commune où a été faite la déclaration de placement de l'enfant ; 2° aux auteurs de la mise en placement ; en outre dans les trois jours, il doit avertir le médecin-inspecteur de la circonscription (dans les départements où l'assistance publique n'a pas organisé une surveillance médicale spéciale pour les enfants assistés). Le maire doit s'enquérir des moindres incidents de la vie de l'enfant, avertir les parents en cas d'urgence et même, si la vie de l'enfant est en danger, retirer l'enfant à la nourrice (1).

La nourrice est tenue de faire vacciner l'enfant dans les trois mois à dater du jour de la remise, s'il ne l'a pas été. Elle ne peut sous aucun prétexte se décharger du soin de l'élever même temporairement, à moins d'une autorisation du maire après avis du médecin (2). La nourrice ne peut pas se charger de plus d'un enfant, à moins d'une autorisation spéciale écrite du médecin (3). Les gardeuses et sevreuses ne peuvent se charger de plus de deux enfants, à moins d'une autorisation du maire. Il est expressément défendu aux nourrices, sevreuses ou gardeuses :

De coucher l'enfant dans leur propre lit ;

D'avoir des animaux domestiques dans la chambre où est placé le berceau.

Toute négligence ou contravention à ces règles, de la part de la nourrice, entrainant un dommage quelconque pour la santé de l'enfant, la rend passible d'un emprisonnement de un à cinq jours. — Si le décès s'en est suivi, on applique les peines portées contre l'homicide par imprudence (4), c'est-à-dire un emprisonnement de trois mois à deux ans et une amende de 50 à 600 francs (5). Enfin la nourrice qui

(1) Béquet, *op. cit.*, 407 et 408.
(2) Art. 32, Rég. du 27 fév. 1877.
(3) Art. 25, *ibid.*
(4) Art. 319 P.
(5) Art. 11, §§ 4 et 5, l. du 23 déc. 1874.

veut rendre l'enfant avant qu'il lui soit réclamé doit en avertir le maire (1).

L'enfant placé à la campagne y restera jusqu'à vingt-un ans, époque où il ne dépendra plus de l'administration de l'hospice. Cette longue période de la vie des enfants assistés se divise en trois phases; la première va depuis l'abandon jusqu'à l'âge de six ans; la deuxième de six à treize ans, et la troisième de treize à vingt-un ans.

L'enfant reste en nourrice jusqu'à l'âge de six ans; c'est le conseil général qui fixe le montant des mois de nourrice; la cour de Cassation les déclare insaisissables par application de l'art. 581 du code de procédure parce que les sommes touchées à ce titre ne sont pas des gages, mais des aliments. Ces allocations mensuelles diminuent à mesure que l'enfant grandit et qu'il peut rendre quelques services en retour des soins qu'il reçoit.

V. — Parvenu à l'âge de six ans, l'enfant est mis en pension chez des artisans ou des cultivateurs. Jusqu'au dix-huitième siècle l'enfant, sitôt tiré de nourrice était ramené à l'hospice et employé au service du culte.

En 1751, quelques villes comme Nantes, Arras, ayant essayé pour la première fois ce placement à la campagne, en obtinrent les meilleurs résultats; 60 ans après, le décret de 1811 l'a consacré législativement (art. 9).

Le vœu de la loi est qu'après l'âge de six ans, l'enfant reste chez les gens qui l'ont nourri; on veut lui créer une famille; on veut qu'il s'établisse entre lui et ses nourriciers des liens d'affection; que, accepté par esprit de lucre, comme source de revenus, il reste dans cette famille par un effet de l'amitié et de l'amour. La nourrice peut demander qu'il ne lui soit point en-

(1) Déc. de 1877.

levé. Les nourriciers touchent une pension mensuelle fixée également par le conseil général, et qui leur est payée tant que l'enfant n'a pas atteint treize ans. L'art. 9 du décret de 1811 avait limité cette deuxième période de la vie de l'enfant à l'âge de douze ans; mais la loi du 28 mars 1882, ayant établi l'obligation de fréquenter l'école jusqu'à l'âge de treize ans, a mis l'enfant dans l'impossibilité de subvenir à ses besoins par son travail; cette deuxième période a dû être prolongée d'un an. L'enfant assisté doit fréquenter l'école communale (1). Les inspecteurs ont mission d'obliger les nourriciers à remplir ce devoir. De plus une circulaire de 1888 (10 novembre) (2), a invité les instituteurs à adresser chaque mois, au préfet, par l'intermédiaire du maire, le relevé des enfants qui auront manqué l'école 9 ou 10 fois dans le même mois.

VI. — A l'âge de treize ans, l'enfant cesse d'être à la charge du département. Il doit subvenir à ses propres besoins. Dans ce but, il est mis en apprentissage; les garçons chez les laboureurs ou artisans, les filles chez des ménagères, couturières ou autres; on peut également les envoyer dans les fabriques ou manufactures. S'il y en a parmi eux dont le placement soit impossible, par suite d'infirmités, ou du peu d'aptitude au travail, ils demeurent définitivement à la charge de l'hospice, où ils sont ramenés (3).

(1) Cette question avait été l'objet de nombreuses circulaires ministérielles avant même que l'instruction obligatoire et gratuite ait été instituée. Un avis du Conseil d'Etat du 17 mars 1883 établissait l'instruction gratuite pour les enfants assistés. Circ. du 12 fév. 1856. Watteville, *op. cit.*

(2) « Revue des Etablissements de bienfaisance », 1889, p. 23.

(3) Circ. du 3 nov. 1818. Watteville, *op. cit.* L'art 9 du décret de 1811 porte que les enfants après 12 ans seront mis à la disposition du ministre de la marine. Cette disposition ne fut jamais appliquée. L'instruction de 1823 (ch. VI), vint la modifier en éta-

Quelle est la condition des enfants placés en apprentissage? L'art. 18 du décret de 1811 est ainsi conçu : « Les contrats d'apprentissage ne stipuleront aucune somme en faveur ni du maitre ni de l'apprenti; mais ils garantiront au maitre les services gratuits de l'apprenti jusqu'à un âge qui ne pourra excéder 25 ans, et à l'apprenti la nourriture et le logement. » Cette disposition a pour but de faciliter le placement des enfants, en assurant aux patrons leurs services pour une longue période. Elle a été diversement interprétée : certains auteurs y ont vu que dans tous les contrats passés, les services de l'apprenti doivent être gratuits jusqu'à 25 ans et ils contestent la validité de ceux qui stipulent un salaire au profit de l'enfant. Aussi ils crient à l'injustice et demandent que ces dispositions soient modifiées. Sans doute, s'il en était ainsi, elles seraient trop défavorables à l'enfant et souverainement injustes; mais telle n'est pas, d'après nous, l'interprétation vraie de l'art. 18. L'âge de 25 ans n'est qu'un maximun qu'on est libre d'atteindre ou de ne pas atteindre. Si le législateur avait adopté le système contraire, il aurait dit : « mais ils garantiront au maitre les services gratuits de l'apprenti jusqu'à 25 ans. L'expression « jusqu'à un âge qui ne pourra excéder 25 ans » laisse un pouvoir d'appréciation ; il suffit pour la validité du contrat que l'âge fixé ne soit pas supérieur à 25 ans, peu importe qu'il n'y arrive pas. L'administration qui passe le contrat doit tenir compte à la fois de l'intérêt du patron qui prend l'enfant et de celui de l'apprenti. Le temps est le seul capital que donne l'enfant pour payer ses frais d'apprentissage; aussi est-ce à l'admi-

blissant que les commissions administratives des hospices peuvent, lorsque les enfants en manifestent le désir, contracter pour eux, avec l'approbation du préfet, des engagements sur les vaisseaux du commerce ou de l'Etat. Béquet, *op. cit.*, 315.

nistrateur à calculer la durée du service gratuit que doit fournir l'apprenti pour indemniser le maître de la perte qu'il éprouvera au début de l'apprentissage (1). Telle nous paraît être la véritable solution. C'est celle du reste qui est appliquée. Actuellement, d'après une circulaire du 6 août 1853, les services gratuits de l'enfant ne peuvent dépasser sa majorité, c'est-à-dire 21 ans.

Le produit de son travail est placé à la caisse d'épargne par l'inspecteur ou le directeur de l'agence et, à sa majorité, il en a la libre disposition.

A Paris où l'administration est plus riche et plus large qu'en province, elle n'hésite pas à s'imposer des sacrifices pour faire donner une certaine instruction aux pupilles qui se signalent par une intelligence exceptionnelle. A ce point de vue comme pour tant d'autres, Paris donne un exemple salutaire, que nous voudrions voir suivre par les départements. Le placement à la campagne, puis la location des services constituent le minimum de ce qu'on devait faire pour ces pauvres enfants. Mais l'équité exige davantage; il faut améliorer cette situation, suffisante en 1811, mais trop mesquine pour une époque où un sentiment plus vif de la justice sociale pénètre dans tous les esprits. « Ce n'est pas uniformément un pâtre, un illettré que l'on doit créer, mais un artisan, un commerçant, un officier, un artiste... un savant qu'il faut s'évertuer à deviner et aider à se former. » Il faut qu'ils se développent suivant leurs facultés, qu'ils reçoivent un enseignement conforme à leurs aptitudes; la société y gagnera des serviteurs distingués qui lui payeront, par d'éminents services, les sacrifices faits pour eux (2).

(1) Dall., *Rep.*, v° secours publics.

(2) Voir le rapport de M. Rollet dans le compte-rendu des travaux du Congrès internat. d'assistance de 1889. Vol. 1, p. 158.

APPENDICE

Nous devons maintenant parler de la tentative de colonisation que fait en ce moment en Algérie, le département de la Seine, par la création d'une école d'agriculture pour les enfants assistés. L'idée d'envoyer dans notre colonie ces enfants que rien ne rattache au pays natal et qui, profitant d'une concession, y fonderaient une famille, était née de bonne heure dans l'esprit d'hommes généreux ; elle réunissait le double avantage d'aider puissamment à la prospérité de l'Algérie, en y implantant une population française, et de procurer à ces enfants sans fortune une situation très avantageuse.

La première tentative pour réaliser cette idée, fut faite, en 1843, par un prêtre, l'abbé Brumauld. Aidé par la charité publique et par des subsides de l'Etat, l'abbé fonda d'abord à Bouffarick, près d'Alger, un orphelinat pour les enfants de l'Algérie et quelque temps après un nouvel établissement à Ben-Aknoun.

En 1851, voulant augmenter le nombre de ses élèves, l'abbé proposa à l'Assistance publique de la Seine, de se charger d'un certain nombre d'enfants assistés, moyennant une pension déterminée. L'Administration refusa. Mais l'influence du gouvernement voulant favoriser l'abbé Brumauld et la promesse d'une concession aux pupilles à l'âge de vingt-un ans, finirent par vaincre sa résistance : cent enfants assistés et cent enfants pauvres de Paris, furent envoyés en Afrique (1).

(1) La subvention payée était :

De 90 centimes pour les enfants au-dessous de 10 ans ;

De 80 centimes pour les enfants de 10 à 15 ans ;

De 50 centimes pour les enfants de 15 à 18 ans.

Au-dessus de 18 ans, le travail de l'élève devait subvenir à son entretien.

Mais les intentions du directeur devaient causer la chute de la tentative. Loin d'apprendre à ses élèves la culture du sol, de façon à couvrir les frais de l'entreprise par le produit de leur travail, l'abbé ne songea qu'à faire ses bénéfices personnels : il chercha à conserver seulement les enfants qui pouvaient travailler et qui payaient en même temps une forte pension (ceux de 10 à 15 ans). De plus, reconnaissant l'impossibilité d'en faire des concessionnaires, il proposait de les placer à l'âge de quinze ans comme ouvriers chez des colons honnêtes.

C'était le renversement complet de toutes les conventions, aussi l'administration n'envoya plus d'élèves ; ceux qui s'y trouvaient se placèrent d'une façon quelconque ; les établissements fondés par l'abbé Brumauld furent fermés (1).

Cet essai n'avait rien prouvé ; et on peut affirmer que la tentative de colonisation n'avait pas été faite. Cependant elle fut considérée comme décisive par l'administration qui se montra hostile à une seconde expérience.

Malgré ce précédent et ces préventions défavorables, l'idée fut reprise par le docteur Thulié; en 1882, il déposa au Conseil général de la Seine, un projet de colonie agricole, en Algérie, pour les enfants assistés. Le rapport portait qu'on devait y envoyer seulement les pupilles qui n'ont pu se créer une famille, non pour fournir des ouvriers aux colons algériens mais pour en faire des agriculteurs qui cultiveraient une propriété à eux concédée et y fonderaient une famille ; l'enfant devait être assez jeune pour s'acclimater facilement et assez âgé pour pouvoir être soumis à l'enseignement professionnel des champs. Cet enseignement serait à la fois théorique et pratique ;

(1) Pour plus de détails consulter la brochure du doct. Thulié : *Colonisation de l'Algérie par les enfants assistés*, 1891.

on y apprendrait, en outre, les états nécessaires dans le métier d'agriculteur, ceux de forgeron, tonnelier, etc..., enfin, à leur sortie do l'hospice, on devait avancer aux pupilles les frais d'installation. — Des écoles de filles devaient être créées ; on leur enseignerait tout ce qu'une bonne ménagère et une bonne fermière doivent connaitre.

Le rapport fut adopté par le conseil général et soumis à l'étude d'une commission, qui délégua trois de ses membres en Algérie ; ceux-ci visitèrent les orphelinats et les maisons d'éducation où l'on pratiquait l'agriculture, et y étudièrent toutes les questions se rattachant à l'établissement de la colonie. Le rapport par eux déposé, adopta toutes les mesures proposées par le docteur Thulié ; une seule modification très pratique y était faite ; avant de devenir propriétaire de la terre concédée, l'enfant âgé de vingt-un ans la cultiverait pendant trois ans, à titre de métayer ; l'administration pourrait ainsi constater si l'enfant était capable de diriger seul l'exploitation de la terre ; si oui, elle deviendrait sa propriété ; si non, elle lui serait retirée. Dans ce dernier cas, l'enfant serait, à son gré, rapatrié ou placé en Algérie comme ouvrier agricole ou industriel. — Quant à l'école des filles, sa création était différée, à cause des lourdes dépenses qu'elle nécessiterait et qui ne seraient pas couvertes, comme chez les garçons, par le produit de leurs travaux.

Ensuite la commission tout entière se transporta en Algérie et choisit, à cause de leur situation excellente, l'azel d'En-Noura et les terrains de Kharada et de Thala-Khelifa.

A la fin de 1883, une délibération du Conseil général en demanda la concession au Gouvernement. Après plus de deux ans d'attente, la loi du 27 avril 1886 concéda au département de la Seine trois mille deux cent soixante-sept hectares dix-sept ares douze centiares de terrains domaniaux disponibles dans les départements d'Alger et de Constantine, pour la création d'une école professionnelle d'agriculture et d'horticulture, destinée aux enfants assistés de ce département, et le lotissement d'anciens élèves de cette école. Sous peine de résolution de la concession, l'école devait être instituée dans le délai de trois ans.

En 1887, un legs fait au Conseil général d'une propriété en valeur, composée des domaines de Ben-Chicao et de Meghâtel, vint encore hâter l'établissement de l'école. Les conditions du legs étaient : que l'école serait installée sur la propriété, qu'elle le serait avant le 1er janvier 1889 et qu'elle porterait le nom du donateur (l'abbé Roudil).

Pour se conformer aux vœux du testateur, on installa six élèves dans un immeuble appelé caravansérail de Ben-Chicao, en attendant que l'école Roudil fût bâtie. En 1889, l'école comptait vingt élèves ; au 31 décembre 1892, il y en avait soixante; les domaines des Ghérabas et de Meghâtel sont en pleine exploitation ; l'école Roudil devait être inaugurée dans le courant de l'année 1894 (1).

(1) Rapport Strauss, du 12 décembre 1893.

CHAPITRE IV

Tutelle des Enfants assistés

I. TUTELLE DES ENFANTS ASSISTÉS : *a)* A ROME ; *b)* DANS L'ANCIEN DROIT ; *c)* ACTUELLEMENT. — II. ROLE ET ATTRIBUTIONS DU TUTEUR. — III. DES DROITS DE GARDE ET DE CORRECTION. — IV. DE L'EMANCIPATION. — V. DU MARIAGE. — VI. GESTION DES BIENS DU MINEUR. — VII. LES REVENUS DES BIENS DU PUPILLE APPARTIENNENT AUX HOSPICES. — VIII. L'HOSPICE A UN DROIT DE SUCCESSION SUR CES MÊMES BIENS. — IX. EXTINCTION DE LA TUTELLE ; *a)* DÉLÉGATION DE LA TUTELLE ; *b)* REMISE DE L'ENFANT AUX PARENTS. — X. TUTELLE DES ENFANTS DU DÉPARTEMENT DE LA SEINE.

I. — Les enfants recueillis par l'Assistance publique sont tous âgés de moins de vingt et un ans ; il y a donc lieu de s'occuper du système de protection établi par la loi pour les mineurs, que l'on appelle la tutelle.

a) Nous avons vu, qu'à Rome, les enfants sans parents étaient reçus dans deux sortes d'asiles, les enfants trouvés dans les Brephotrophia, les orphelins dans les orphanotrophia. Les constitutions avaient négligé d'établir des règles concernant la tutelle des enfants trouvés, probablement parce que rarement ils ont quelque fortune (1). Quant aux orphelins, il

(3) A Rome la tutelle avait été organisée dans l'intérêt des héritiers du mineur.

résulte de quelques textes (1) que la tutelle était déférée à l'orphanotrophe c'est-à-dire au fonctionnaire chargé de les nourrir et de les élever. Elle avait été soumise à des règles spéciales; les pouvoirs du tuteur des orphelins étaient bien plus étendus que ceux du tuteur ordinaire. Des constitutions de Septime Sévère, de Constantin et de Justinien défendirent à ce dernier d'aliéner les fonds de terre et les choses incorporelles du pupille (2). Le tuteur des orphelins ne fut jamais soumis à cette législation; il pouvait vendre à son gré, pour quelque motif que ce fût, faire emploi du prix ou le garder; il était, en outre, dispensé de rendre des comptes à la fin de la tutelle, car, disent les constitutions, il eût été inique d'inquiéter par des manœuvres méfiantes des hommes qui, par crainte de Dieu, protégent les orphelins et les entourent d'une affection toute paternelle.

b) Dans notre ancien droit, nous ne trouvons pas de loi, d'ordonnance qui ait réglé, pour tout le royaume, la question de la tutelle des enfants assistés; mais nous voyons que des édits fixaient ce point en ce qui concernait les pupilles d'un hospice; des lettres patentes de François Ier du 25 février 1553 reconnurent aux recteurs de l'Hôtel-Dieu de Notre-Dame de la Pitié, à Lyon, le droit de tutelle sur les enfants reçus dans cet hospice. En 1670, sur l'ordre de Louis XIV, le Parlement décida que la direction de l'Hôpital des Enfants-Trouvés, à Paris, serait confiée à une commission composée du Premier Président, du Procureur général et de quatre directeurs de l'Hôpital général. Cette commission était chargée de la tutelle des enfants. De ces exemples, que l'on pourrait multiplier, il résulte que la tutelle était

(1) L. 32, C. 1, 3. — Nov. 131, cap. 15.
(2) L. 1, D. 27-9; L. 22, § 28, C. 5-37.

exercée par les administrateurs de l'hospice et qu'elle leur était attribuée par des édits spéciaux (1).

c) Pendant la Révolution, une loi du 27 frimaire an V plaça les enfants abandonnés, jusqu'à leur majorité ou émancipation, sous la tutelle du président de l'administration municipale dans l'arrondissement de laquelle était placé l'hospice, où ils avaient été portés. Les membres de l'administration devaient constituer le conseil de tutelle. Cependant l'arrêté du 30 ventôse an V réglant les attributions des commissions hospitalières vis-à-vis des pupilles, mit à leur charge une grande partie des obligations du tuteur; elles devaient placer les enfants à la campagne, pourvoir à tous leurs besoins, faire les transactions nécessaires pour leur mise en apprentissage, enfin surveiller leur éducation morale conjointement avec les membres de l'administration municipale. En fait, c'était donc les commissions des hospices qui exerçaient la tutelle des enfants abandonnés; elle leur fut conférée en droit par la loi du 15 pluviôse an XIII qui régit encore aujourd'hui la matière et dont nous allons étudier les dispositions.

II. — La tutelle est attribuée à la commission administrative de l'hospice, qui joue à la fois le rôle de tuteur et de conseil de tutelle. En réalité, elle est exercée par un de ses membres désigné par elle, toutes les fois que cela est nécessaire. Il n'est pas besoin que dans tous les cas le même membre soit délégué; la commission peut changer son représentant aussi souvent qu'elle le veut; en pratique, la décision de la commission qui nomme le tuteur est soumise à l'approbation préfectorale. Tout ce qui concerne le placement, le déplacement et la surveil-

(1) En 1566, Charles IX décida que les administrateurs de l'hôpital du Saint-Esprit avaient un droit de succession sur ce qui appartenait aux enfants, légitimes ou bâtards. Semichon, *Op. cit.*

lance des enfants, est confié à l'inspecteur départemental (1).

Quel est le caractère de cette tutelle ? Est-elle semblable à celle qui est réglementée par le Code civil et est-elle limitée aux pouvoirs des tuteur et conseil de famille ordinaires ? Ou bien plus étendue comprend-t-elle, en outre, tous les attributs attachés à la puissance paternelle ? La question est controversée. — L'opinion générale, consacrée par la pratique administrative, est que la puissance tutélaire comprend toute la puissance paternelle. On appuie cette solution sur les paroles prononcées au Corps législatif, par Regnault de Saint-Jean-d'Angely, orateur du gouvernement, chargé du rapport sur le projet de loi : « le gouvernement a donc dû s'occuper d'assurer le sort de ces enfants, de créer pour eux à la place des parents qu'ils ne connurent jamais ou qu'ils ont perdus, *une paternité sociale qui exerçât tous les droits, toute la puissance de la paternité naturelle* et qui en suppléât les soins, la vigilance et la protection (2). »

On ajoute encore que, par suite de l'abandon, tout lien est rompu entre l'enfant et ses parents, que ceux-ci, s'étant déchargés des devoirs que leur imposait la paternité, ne peuvent être admis à réclamer les avantages qui en résultaient (3).

Ces considérations sont très équitables et absolument conformes à la morale ; malheureusement, elles ne sont pas d'accord avec le texte de la loi. La loi de pluviôse ne parle que de la tutelle des commissions. Or, leur attribuer la puissance paternelle c'est l'enlever aux parents, c'est prononcer contre eux une déchéance que le législateur n'inflige qu'en cas de

(1) Béquet, *Répert. de dr. administratif*, n° 383.
(2) Locré, *Législation civile, comm.*, etc., t. 7, p. 200.
(3) Bonde, *Condit. civ. des enf. aband.*, p. 100.

crime ou de délit et qui ne peut résulter que d'un jugement (art. 335, § 2. P; art. 1 et 2 de la loi du 24 juillet 1889). Mais, pour les traiter avec cette rigueur, il faudrait un texte, un texte formel ; les paroles d'un rapporteur ne suffisent pas. Au reste, ce qui prouve bien que les pouvoirs tutélaires des commissions ne dépassent pas ceux des tuteurs ordinaires, c'est la dérogation apportée au droit commun par l'article 4. Ce texte donne aux commissions, relativement à l'émancipation des mineurs, les droits accordés aux pères et mères par le Code civil. Or, était-il besoin de le dire ? Si la loi donnait au tuteur des orphelins les pouvoirs du père sur son enfant, cette conséquence ne découlait-elle pas du principe admis ? Telle n'était pas l'intention du législateur. Aussi voulant déroger sur ce point aux règles ordinaires de la tutelle, il l'a exprimé dans un texte formel. La conclusion de ce raisonnement est que les pouvoirs des commissions hospitalières ne sont pas plus étendus que ceux des tuteurs ordinaires ; et cette règle s'applique qu'il s'agisse d'un enfant légitime ou d'un enfant naturel reconnu ou d'un enfant trouvé dont les parents sont légalement inconnus.

La tutelle s'étend sur tous les enfants reçus à l'hospice « à quelque titre et sous quelque dénomination que ce soit. »

Dans un chapitre précédent, nous avons étudié les obligations qui incombent aux commissions des hospices dépositaires au point de vue de l'éducation et de l'entretien des enfants abandonnés, il nous reste à examiner les autres droits relatifs à la personne du pupille.

III. — Du droit de garde et du droit de correction.

Ces droits appartiennent sans aucun doute aux commissions administratives (1) qui peuvent, quand

(1) Art. 468, C. C.

l'enfant s'enfuit du domicile de son nourricier ou de son patron, le forcer à réintégrer ce domicile et requérir, au besoin, la force publique.

Le droit de correction peut être mis en action de deux façons différentes : le père peut agir par voie d'autorité ou par voie de réquisition. La première est la plus sévère ; elle entraine la détention immédiate de l'enfant ; mais, entr'autres conditions, elle exige que le mineur ait moins de seize ans, qu'il n'ait pas d'état, et qu'ils n'ait point de biens personnels. Si l'une de ces conditions fait défaut, on ne peut agir que par la voie de réquisition, qui nécessite l'intervention du président du tribunal ; ce magistrat donne ou refuse l'ordre d'arrestation (1). La commission aura les mêmes droits que le père.

Il est regrettable que la loi de pluviôse ne lui ait point donné le pouvoir de procéder toujours par voie d'autorité. Les considérations qui ont fait adopter, à l'égard du fils, le second mode d'action, ne se retrouvent pas ici. Il serait puéril de supposer une commission, composée de cinq ou six membres, animée par l'esprit de vengeance, dans les rigueurs exercées contre un pupille ; quand à la crainte que les biens du mineur ne soient dissipés, elle ne saurait être justifiée puisque le droit de correction est exercé par des personnes autres que celles qui gèrent la fortune du pupille (2).

En outre, le grand nombre d'enfants dont les commissions ont à s'occuper et l'origine même de ces enfants, dont le plus grand nombre porte dans le sang le germe de tous les vices, auraient exigé des moyens prompts et rigoureux capables de réprimer

(1) La quatrième condition à laquelle est soumis l'exercice du droit de correction par voie d'autorité est que le père ne soit pas remarié ; il ne peut être ici question de second mariage, le droit étant exercé par la commission administrative.

(2) Bonde, *Op. cit.*

avec fruit les fautes des uns et de retenir les autres par la crainte.

Le mineur est enfermé, conformément au droit commun, dans le quartier réservé aux enfants insoumis ou envoyé dans une colonie pénitentiaire (L. du 5 août 1850).

IV. — De l'Emancipation. — L'Emancipation a été définie « un acte juridique par lequel un mineur est affranchi soit de la puissance paternelle ou de l'autorité tutélaire, soit de l'une et de l'autre lorsqu'il s'y trouvait simultanément soumis. » Quels seront sur ce point les droits de la commission administrative? La commission est complètement mise aux lieu et place des père et mère; elle a les mêmes droits (art. 4 de la L. de pluviôse). Il faudra donc appliquer les règles contenues dans l'article 477 du Code civil et non celles de l'article 478 concernant le pupille ordinaire; le pupille pourra être émancipé après l'âge de quinze ans. L'émancipation sera faite, sur l'avis des membres de la commission, par celui d'entr'eux qui aura été désigné et qui seul sera tenu de comparaitre devant le juge de paix. L'acte d'émancipation est délivré sans autres frais que ceux d'enregistrement et de papier timbré (art. 4).

Au mineur émancipé, il est nommé un curateur; celui de l'enfant assisté est désigné par la loi; c'est le receveur de l'hospice qui remplit cette fonction; étant spécialement chargé de gérer le patrimoine du pupille, pendant toute la durée de la tutelle, il est, mieux que personne, apte à guider le mineur émancipé dans la gestion de ses propres biens. Quant à ses pouvoirs, le mineur sera soumis au droit commun (art. 481 et s. C. c.).

V. — Du Mariage. — Arrivé à l'âge de 15 ou 18 ans, le pupille de l'assistance publique peut se marier; mais, pour cela, il devra obtenir le consentement de certaines personnes. Qui aura qualité pour lui permettre de contracter mariage ? Pour ceux qui admettent que la commission est investie de la puissance tutélaire et de la puissance paternelle, c'est elle qui devra consentir au mariage du pupille ; elle aura plein pouvoir pour le permettre ou l'empêcher. En outre, ce consentement sera indispensable jusqu'à 25 ans (art. 144, C. C.) et la commission pourra faire opposition au mariage dans tous les cas où le père a ce droit (art. 173 C. c.).

Pour nous, qui ne reconnaissons pas au tuteur des enfants assistés des pouvoirs aussi étendus, nous appliquerons le droit commun. S'il s'agit d'un enfant dont les parents sont légalement inconnus ou morts, le conseil de famille aura seul qualité pour donner ou refuser le consentement au mariage ; mais son autorité expire quand le mineur atteint l'âge de 21 ans (article 160, C. C.) ; alors il est libre et maître de se marier à sa guise (1). S'agit-il au contraire d'un enfant légitime ou naturel reconnu dont les ascendants ou l'un d'eux existe, la commission ne peut plus consentir au mariage. Le mineur doit requérir le consentement de ses parents jusqu'à l'âge de 25 ans (Art. 148-150, C. c.).

VI. — Nous avons terminé l'étude, les droits et obligations relatifs à la personne du pupille ; il nous faut examiner maintenant les règles qui ont trait à la gestion de ses biens.

Cette gestion n'est pas confiée, comme dans la

(1) Le système contraire aboutit à une injustice flagrante. Soit deux orphelins privés de tout ascendant ; à l'un qui jouit d'une certaine fortune, il est nommé un tuteur ordinaire ; l'autre étant donné son indigence, est placé dans un hospice. Arrivés tous deux à la majorité, le premier pourra se marier selon son gré, le second sera obligé de subir la volonté de la commission. Son indigence lui vaudra de rester quatre années de plus sous la tutelle de l'administration. Ce résultat suffit à faire condamner la solution contraire.

tutelle ordinaire, à la personne chargée de la personne du mineur. D'après la loi de pluviôse, c'est le receveur de l'hospice et non le délégué de la commission qui doit administrer la fortune du pupille, et ses pouvoirs sont les mêmes que ceux qui lui sont reconnus pour la gestion des biens de l'hospice : il peut faire tous les actes d'administration, percevoir les revenus, interrompre les prescriptions, exercer les poursuites contre les débiteurs, requérir les inscriptions etc....

Il peut arriver que, dans l'intérêt du mineur, la commission de l'hospice soit obligée d'intenter une action en justice; devra-t-elle demander l'autorisation au conseil de préfecture, comme cela est nécessaire quand elle agit au nom de l'hospice ? Non. L'administrateur, dans ce cas, agit en vertu de la loi du 15 pluviôse an XIII et non point de la loi du 7 août 1851; il est assimilable à un tuteur ordinaire et ne doit se pourvoir que de l'autorisation du conseil de famille c'est-à-dire de la commission administrative (1).

Les membres de la commission administrative n'ont pas le maniement des deniers qui appartiennent au pupille, aussi la loi n'a point établi sur leurs biens une hypothèque légale au profit du pupille. Le cautionnement, que l'arrêté du 16 germinal an XII oblige le receveur de l'hospice à fournir, sert de garantie : l'enfant a le privilège qui résulte de l'article 2102-7°.

La loi a pris le soin de fixer l'emploi des deniers qui seront touchés au nom du mineur. L'article 6 de la loi du 15 pluviôse dispose que « les capitaux seront placés dans les Monts-de-Piété. Dans les communes où il n'y aura pas de Monts-de-Piété, ces capitaux seront placés à la caisse d'amortissement, pourvu

(1) V. Béquet, *Op. cit.*, n° 311. Dalloz, *Répert.*, v° secours publics, n° 210.

que chaque somme ne soit pas inférieure à 150 francs, auquel cas, il en sera disposé comme le décidera la commission administrative. » Cependant cette disposition a été modifiée par la loi du 27 février 1880, sur l'aliénation des valeurs mobilières appartenant aux mineurs. Il résulte de l'article 6 de la loi précitée combiné avec l'article 1er *in fine* de la même loi et l'article 455 du Code civil que le conseil de famille peut déterminer à quelle somme doit commencer l'emploi, le mode d'emploi des capitaux, dire s'ils seront placés en immeubles ou valeurs mobilières, et, dans ce dernier cas, indiquer en quelles valeurs; pour l'enfant assisté, ce sera la commission hospitalière qui tracera les règles à suivre au receveur de l'hospice (1).

VII. — Aux termes de l'article 7 de la loi de pluviôse, « les revenus des biens et capitaux appartenant aux enfants admis dans les hospices, seront perçus, jusqu'à leur sortie des dits hospices, à titre d'indemnité des frais de leur nourriture et de leur entretien ». Il n'est que trop juste, en effet, si le pupille a des biens personnels, que les revenus en soient perçus par l'hospice qui les emploiera aux besoins du mineur, en supposant que les dépenses équivalent aux revenus. Mais que penser dans le cas où les revenus excèdent les dépenses? L'hospice peut-il bénéficier du surplus?

Un arrêt de la Cour de Bordeaux du 11 mars 1840 a admis l'affirmative. La Cour s'appuie sur la généralité des termes de l'article 7 qui n'établit aucune distinction. — Nous ne saurions approuver cette théorie. Si la loi ne distingue pas, c'est qu'elle n'envisage que le cas le plus fréquent, celui où les revenus sont inférieurs ou tout au plus égaux aux frais occasionnés par le pupille. Mais, d'après nous, lorsque

(1) Art. 8 de la loi du 27 février 1880.

les revenus excèderont la dépense, le surplus devra être capitalisé pour être rendu au pupille à sa majorité ou lors de son émancipation. L'article 7 veut que l'hospice s'indemnise, c'est-à-dire ne subisse point de perte, mais il ne veut pas qu'il réalise un bénéfice au détriment du mineur (1).

Ces fruits doivent être perçus jusqu'à la sortie de l'enfant de l'hospice. A quelle époque pourra-t-on considérer l'enfant comme sorti de l'hospice? L'arrêt de la Cour de Bordeaux fixe la sortie de l'enfant au jour de sa majorité ou de son émancipation. D'après cette interprétation, l'hospice percevrait les revenus jusqu'à quinze ou vingt-un ans, même quand le mineur ne serait plus à sa charge, par exemple, lorsque, mis en apprentissage, il suffit à ses besoins. — Cette décision, n'est pas, croyons-nous, conforme à l'esprit de la loi. Le même principe qui nous a guidé dans l'hypothèse précédente va nous servir ici : à savoir que l'hospice ne doit pas réaliser de bénéfice, mais seulement s'indemniser. Or, le mot indemnité employé par la loi, suppose une perte, une dépense; ce sont deux expressions corrélatives. En conséquence, d'après nous, la sortie de l'enfant ne peut être fixée *a priori*; c'est une question de fait. Si, placé en apprentissage, il subvient à son entretien, l'hospice n'a plus le droit de s'approprier une part quelconque des revenus de l'enfant. Si, au contraire, il a été ramené à l'hospice par suite de maladie ou d'infirmité (l'enfant aurait-il vingt ans), l'hospice continuera à toucher une indemnité égale aux dépenses du mineur.

VIII. — L'article 8 de la loi de pluviôse établit, au profit des hospices, un droit de succession sur les biens des pupilles. Cet article est ainsi conçu : « *Si l'enfant décède avant sa sortie de l'hospice et qu'aucun héritier ne se présente, ses biens appartiendront*

(1) En ce sens, Cass., 21 mai 1849. D. 49, 1, 202.

en propriété à l'hospice, lequel pourra être envoyé en possession à la requête du receveur et sur les conclusions du ministère public. » L'exposé des motifs nous fait connaître la cause qui a donné naissance à ce droit de succession. « Si l'enfant meurt sans héritiers, l'hospice, au lieu du fisc, recueillera, *comme indemnité,* son modique héritage » (1). Ne l'a-t-il pas mérité par les soins dont il a entouré le pupille, par les dépenses qu'il s'est imposées pour lui ? Il n'y a donc là qu'une juste rémunération, une restitution plutôt qu'une libéralité, qu'un droit de succession proprement dit. Aussi, une décision ministérielle du 23 juin 1859 (2) a dispensé les hospices du paiement des droits de mutation.

Etant successeur irrégulier, l'hospice doit demander l'envoi en possession. Cette mission est confiée au receveur de l'hospice. L'envoi en possession ne peut être prononcé par le tribunal qu'après les conclusions posées par le ministère public; celui-ci doit veiller à l'exécution des formalités qui précèdent l'envoi en possession. L'une des plus importantes est assurément celle des trois publications prescrites par l'article 770 du Code civil qui s'applique ici. Ces mesures de publicité ont, en effet, pour but de prévenir les parents de l'enfant qu'une succession s'est ouverte à leur profit; s'ils ne se présentent qu'après l'envoi en possession, ils ne pourront que répéter les fruits, du jour de la demande (art. 8, § 2). Mais à quelque moment qu'ils se fassent connaître, la succession ne leur sera dévolue qu'à la condition « d'indemniser l'hospice des dépenses faites pour l'enfant décédé, pendant le temps qu'il est resté à la charge de l'administration, sauf à faire rentrer en compensation,

(1) Locré, *Op. cit.*, t. 7, p. 293.
(2) Watteville, *Lég. charit.*

jusqu'à due concurrence, les revenus perçus par l'hospice ».

A l'époque où fut votée la loi de pluviôse, toutes ces dispositions, au profit des hospices, avaient leur raison d'être et n'étaient que trop justes parce qu'ils avaient la lourde charge de supporter la dépense des enfants recueillis. Depuis, des lois nombreuses, notamment la loi du 5 mai 1869, ont fait du service des enfants assistés un service départemental. C'est le Conseil général qui vote les fonds nécessaires aux dépenses de ce service. Ne faut-il pas appliquer ici la règle *ubi onus, ibi emolumentum?* n'est-ce pas le département qui doit percevoir les revenus des biens des pupilles et, en cas de mort, hériter de leur fortune, puisqu'il pourvoit à leur entretien? Nous le croyons, l'esprit de la loi est favorable à ce système. Les droits octroyés aux hospices n'étaient que la conséquence de la charge qui leur incombait (1); or, *cessante causâ, cessat effectus;* aujourd'hui donc ces avantages doivent appartenir au département.

Le droit de succession des hospices empêchera-t-il le mineur, âgé de seize ans, de faire des legs dans la mesure fixée par l'article 904 du Code civil? La négative ne nous paraît pas douteuse. Le législateur n'a réglé que la succession *ab intestat* du pupille, qui reste soumis au droit commun pour ce qui concerne les dispositions testamentaires (2).

IX. — Comment finit la tutelle des commissions administratives? L'article 3 répond : « La tutelle des enfants admis dans les hospices durera jusqu'à leur majorité ou émancipation par mariage ou autrement ». A ces deux causes de cessation, il faut en ajouter trois autres ; elle finit également par le décès

(1) Voir page 139.

(2) En ce sens, Demante, t. 3, n° 91 *bis*; Demolombe, t. 14, p. 247.

de l'enfant, par la tutelle officieuse concédée à un tiers, par la remise de l'enfant aux parents.

Les trois premières causes (majorité, émancipation ou décès) n'exigent aucune explication. Avant de développer les deux autres, il convient de nous demander si la commission administrative peut mettre fin à la tutelle qu'elle exerce, en la déléguant à un tiers? La loi a prévu l'hypothèse et elle n'a autorisé cette délégation que dans un seul cas contenu dans l'article 2 : « Quand l'enfant sortira de l'hospice pour être placé comme ouvrier, serviteur ou apprenti dans un lieu éloigné de l'hospice où il avait été placé d'abord, la commission de cet hospice pourra, par un simple acte administratif, visé du préfet ou du sous-préfet, déférer la tutelle à la commission administrative de l'hospice du lieu le plus voisin de la résidence actuelle de l'enfant. » Hormis ce cas, la commission ne peut déléguer la tutelle, mais elle a la faculté de consentir à ce qu'un tiers devienne tuteur officieux d'un de ces pupilles. Le pourra-t-elle pour tous? Le Code civil a réglé la question. L'article 361 dit que, pour devenir tuteur officieux d'un mineur, on doit obtenir le consentement des père et mère de l'enfant ou du survivant d'entre eux, ou, à leur défaut, d'un conseil de famille, ou enfin, *si l'enfant n'a pas de parents connus, en obtenant le consentement des administrateurs de l'hospice où il aura été recueilli...* » La commission hospitalière n'aura donc qualité pour consentir à la tutelle officieuse que s'il s'agit d'enfants trouvés ou déposés sans avoir été reconnus. Mais pour tous ceux dont la parenté est établie, orphelins, abandonnés, il faudra recourir aux père et mère et, à leur défaut, à un conseil de famille. — *Quid* s'il s'agit d'un enfant naturel reconnu, dont les auteurs sont morts? Faudra-t-il réunir un conseil de famille? Non. La commission sera compétente pour consentir à l'établissement de la tutelle officieuse, parce que la reconnaissance ne crée de liens qu'entre l'enfant et ses auteurs et non entre l'enfant et la famille de ses père et mère. Ayant perdu ses parents, l'enfant se trouve sans famille.

Si le tuteur officieux meurt avant la majorité ou l'émancipation du mineur, la tutelle de la commission revivra-t-elle ou bien faudra-t-il nommer un tuteur conformément au droit commun ? Les avis sont partagés. Un arrêt de la Cour d'Angers, du 26 juin 1844 (1), a admis qu'il faut appliquer le Code civil. Dans l'espèce soumise à la cour, l'intérêt du mineur exigeait qu'il ne fût pas replacé sous la tutelle de l'hospice; le tuteur était mort léguant à son pupille une grande fortune à la condition qu'elle serait gérée par un tuteur nommé par un conseil de famille. On a voulu conserver cette fortune au mineur (2). — Nous ne croyons pas qu'au point de vue juridique, l'arrêt de la Cour d'Angers doive être approuvé. L'article premier de la loi de pluvôse est formel : « la tutelle des enfants appartient aux commissions administratives »; la tutelle officieuse prenant fin, celle des commissions renait.

b) La tutelle des commissions cesse encore par la remise de l'enfant aux parents. La protection des enfants assistés est basée sur cette idée très humaine que la société doit arracher à la mort ou du moins à leur triste sort ces malheureux enfants, innocentes victimes de la misère ou de la dépravation ; la création de l'Assistance publique n'a pas d'autre but; elle se substitue à leur famille, puisque celle-ci les a abandonnés. Cependant, il ne fallait pas que cet abandon fût irrémédiable et que des parents, qui n'avaient peut-être cédé qu'à un moment d'égarement, fussent condamnés à expier cette faute par une sépa-

(1) Dall., 18, 44, 2, 155.
(2) Demolombe approuve cet arrêt, t. 8, p. 291.

ration éternelle. C'eût été trop de cruauté. La loi a donc admis que, revenus à de meilleurs sentiments ou favorisés par la fortune, ils pouvaient réclamer leur enfant (1). Mais, avant d'exercer aucun droit, les parents devront, s'ils en ont les moyens, rembourser toutes les dépenses faites par l'administration. On comprend facilement le but qui a fait édicter cette obligation. La loi a évidemment envisagé le cas de certains parents aisés, mais tout à fait irrespectueux des sentiments les plus sacrés et ne se faisant aucun scrupule de mettre à la charge de l'assistance publique les dépenses nécessitées par l'entretien et l'éducation de leurs enfants. Cela ne veut pas dire que l'indigence des parents soit un obstacle à la restitution des enfants; dans ce cas, on procède par enquête administrative et l'on s'assure que les parents sont dans l'impossibilité de payer les frais d'entretien qu'on leur réclame.

S'il s'agit d'un enfant dont la filiation n'est pas établie, la remise de l'enfant n'aura lieu qu'après l'accomplissement des formalités suivantes contenues dans l'Instruction ministérielle du 8 février 1823 : « 1° Les personnes qui réclament un enfant doivent donner sur lui et les circonstances de son exposition des détails tels, qu'ils ne permettent pas de prendre le change sur l'enfant qui leur appartenait et sur celui qu'on leur rend; » 2° « La remise d'un enfant aux parents qui le réclament ne doit avoir lieu que sur un certificat de leur moralité délivré par le maire de leur commune et attestant en outre qu'ils sont en état d'élever leurs enfants ». Ces deux règles s'expliquent facilement : la première a pour but d'établir l'identité de l'enfant et d'empêcher toute substitution; la seconde, d'assurer son existence dans une famille

(1) Art. 21 du décret du 19 janvier 1811.

honorable et capable de ne lui donner que de bons exemples.

Le droit de réclamer l'enfant appartient-il à tous les parents ? L'hospice sera-t-il obligé de le remettre à un collatéral ou à un ascendant autre que le père et la mère ? La loi est muette sur ce point ; nous croyons que ce droit appartient seulement aux père et mère, que c'est là un attribut de la puissance paternelle. L'hospice pourra donc refuser de remettre l'enfant à un parent quelconque. Cependant, comme en cette matière il faut surtout s'attacher à l'intérêt du pupille, l'hospice agira sagement en le remettant à tout parent qui le réclame, pourvu qu'il remplisse les conditions de moralité et de fortune exigées par l'instruction du 8 février 1823.

X. — La tutelle des enfants assistés du département de la Seine est régie par l'article 3 de la loi du 10 janvier 1843. Cette tutelle est déférée au directeur de l'Assistance publique, qui a pleins pouvoirs et n'est point assujetti à un conseil de famille. On ne saurait faire jouer ce rôle au conseil de surveillance placé près du directeur parce qu'aucun texte de loi ne lui donne de tels pouvoirs. L'article 8 de la loi du 27 février 1880 dit bien que les valeurs mobilières des mineurs ne pourront être aliénées sans l'autorisation de ce conseil de surveillance ; mais cet article n'a pas de portée générale et on ne saurait exiger cette autorisation en dehors du cas visé par la loi. Le Directeur joue donc à Paris le rôle de tuteur et de conseil de famille ; il en résulte qu'il peut faire seul tous les actes pour lesquels l'homologation du tribunal n'est pas obligatoire. L'administration applique le système que nous venons d'exposer.

CHAPITRE V

Des Inspecteurs départementaux et des Comités de patronage.

I. Création et organisation de l'inspection départementale. — II. Fonctions de l'inspecteur. — III. Conflits qui s'élèvent entre les inspecteurs et les commissions administratives. — IV. Des comités de patronage.

La tutelle des commissions administratives donna, dans les débuts, les plus tristes résultats. Les membres de ces commissions s'étaient partagés les enfants recueillis ; mais ils en eurent chacun un si grand nombre (surtout après l'établissement du tour), que malgré la meilleure volonté, il leur était matériellement impossible de s'en occuper d'une façon efficace. Ce défaut de surveillance donna lieu aux abus les plus graves : permutations, substitutions, perte d'enfants, paiement après décès (1). Ce triste état de choses attira l'attention de l'administration ; pour y remédier, une circulaire du 30 avril 1856 (2) permit aux préfets de charger personnellement de la tutelle l'inspecteur départemental en lui conférant les pouvoirs nécessaires. Ainsi fut instituée *la tutelle pater-*

(1) A Espalion, 22 enfants étaient perdus en 1828 ; à Lorient, 62 en 1831. Dans la Dordogne et l'Aveyron on les faisait mendier. Remacle : *Des hospices d'enf. trouvés*, pp. 311 et s.

(2) Watteville, *Op. cit.*

nelle, c'est-à-dire celle des inspecteurs, à côté de la *tutelle légale*, c'est-à-dire la tutelle des commissions.

I. — L'inspection départementale se trouvait en germe dans le décret de 1811. L'article 14 dit « que les commissions administratives doivent faire visiter, au moins deux fois l'an, chaque enfant, soit par un commissaire spécial, soit par les médecins-chirurgiens, vaccinateurs ou des épidémies. » Cet article ne fut pas appliqué. Les hospices dépositaires déjà trop chargés, économisèrent cette nouvelle dépense. Deux seules nominations d'inspecteurs eurent lieu : l'une, en 1811, dans l'Isère, l'autre, en 1815, dans l'Indre-et-Loire (1). Les résultats obtenus dans ces départements furent tels, que plusieurs circulaires en demandèrent la création dans tous les départements. Ce vœu ne fut réalisé que le jour où les frais d'inspection furent payés par le Conseil général. Enfin, la loi du 5 mai 1869 vint définitivement et complètement organiser ce rouage important du service des enfants assistés.

Les inspecteurs et sous-inspecteurs des enfants de l'hospice sont des fonctionnaires de l'Etat ; ils sont nommés par le ministre de l'intérieur, qui règle, pour chaque département, le cadre de l'inspection, et reçoivent un traitement fixe, plus des frais de tournée.

D'après le décret du 8 mars 1887, qui a abrogé le décret du 31 juillet 1870, le cadre général comprend six classes d'inspecteurs et de sous-inspecteurs.

Pour être sous-inspecteur, il faut avoir vingt-cinq ans au moins et compter cinq ans de services civils ou militaires.

Les inspecteurs sont choisis :

1° Parmi les sous-inspecteurs ayant au moins six ans de services ;

(1) Béquet, *Op. cit.*, n° 324.

2° Parmi les docteurs en médecine et pharmaciens de première classe ayant au moins cinq ans d'exercice;

3° Parmi les commis-rédacteurs du ministère de l'intérieur, les chefs de division des préfectures, les secrétaires en chef des sous-préfectures, des mairies ou hôpitaux des villes d'au moins 20,000 âmes;

4° Parmi les inspecteurs de l'enseignement primaire.

Les candidats visés aux numéros 3 et 4 doivent compter huit ans de services.

Les articles 8 et 9 du décret fixent le cadre de l'inspection pour le département de la Seine.

II. — Les fonctions de l'inspecteur départemental sont très nombreuses et très importantes; on peut dire, sans exagération, qu'il est la cheville ouvrière, la clef de voûte de tout le service des enfants assistés.

Il prépare le travail des admissions, recrute et engage les nourrices, signe les contrats d'apprentissage, place les gages des enfants à la caisse d'épargne et ne reste étranger à aucun des détails de la tutelle administrative.

Ayant ainsi organisé le service, il est chargé d'en surveiller le bon fonctionnement. Dans ce but, il visite au moins deux fois l'an tous les enfants assistés. L'époque de ses tournées est fixée par le préfet et son arrivée doit être inopinée. Il s'enquiert personnellement auprès des personnes dignes de foi : le maire, le curé, le juge de paix, etc..., si les nourrices et les patrons remplissent leurs obligations; si les enfants sont bien soignés et tenus proprement, s'ils fréquentent assidûment l'école. Il s'informe si les mères secourues par l'administration font leurs devoirs à l'égard de leurs enfants. Il est juge de la situation, et, s'il y a lieu, pourvoit au déplacement ou supprime le secours. On comprend quel tact et quelle vigilance il faut, dans ces délicates fonctions, pour employer avec fruit les sommes énormes que l'on consacre à l'éducation de ces enfants (1).

L'inspecteur est placé sous l'autorité immédiate du préfet auquel il fait des rapports spéciaux sur chacune de ses tournées; il le tient au courant de tous ses actes et lui soumet les modifications qu'il croit nécessaires pour l'amélioration du service; enfin au mois de juillet, il présente, chaque année, au préfet un rapport général qui définit la situation des enfants pendant les douze derniers mois. Il y mentionne les observations faites pendant les tournées, la mortalité des pupilles et les causes qui en ont provoqué l'augmentation ou la diminution, le résultat des secours temporaires et leur effet sur le nombre des abandons; il donne le nombre des enfants placés comme domestiques ou apprentis, le nombre de ceux rentrés à l'hospice pour inconduite ou placés dans une maison de correction par suite d'une condamnation; il fait connaitre les stipulations des contrats d'apprentissage, le taux des salaires, l'avoir des pupilles placé à la Caisse d'épargne; enfin il fait le relevé de toutes les dépenses occasionnées par le service et prépare les propositions budgétaires pour l'exercice suivant.

Ce rapport est soumis au Conseil général, qui peut en discuter les divers articles. Il est ensuite envoyé au ministre de l'intérieur avec les observations du Conseil général (2).

Il n'y a guère qu'un inspecteur par département. Ce nombre suffisant à l'origine ne l'est plus aujourd'hui depuis que la loi Roussel a chargé l'inspecteur de la

(1) Il doit rechercher les abus. Les filles mères ne se font pas faute d'exploiter l'administration. Dans l'Ille-et-Vilaine, après avoir obtenu le secours, elles plaçaient leur enfant en nourrice, puis se rendaient à Paris où elles s'engagaient comme nourrices grassement payées soit dans de riches familles, soit à la Maternité. De Crisenoy, *Quest. d'assist. publiq. pour 1888*, p. 13.

(2) Béquet, *Rép. de dr. administ.*, n° 396.

protection des enfants du premier âge. La loi du 24 juillet 1889, en leur donnant la tutelle des enfants moralement abandonnés, est venue augmenter encore leur besogne. Aussi une circulaire du 16 août 1889 (1), engagea les conseils généraux à créer des postes de commis afin « que les fonctionnaires de l'inspection soient exonérés d'une notable partie de leur travail d'écriture, qui, même aujourd'hui, avant la mise à exécution de la loi du 24 juillet 1889, ne leur laisse pas assez de temps pour les tournées de surveillance. » Cette circulaire n'a pas été partout appliquée ; d'ailleurs cette création incombe à l'Etat qui doit seul supporter les frais d'inspection (art. 6, L. du 5 mai 1869) (2).

III. — Nous avons vu qu'en droit la tutelle des enfants assistés appartient aux commissions administratives ; mais en fait elle est exercée par les inspecteurs départementaux. Cette pratique est absolument illégale, la loi de pluviôse n'ayant jamais été abrogée. Mais, ce qu'il y a de plus regrettable, c'est qu'elle entraine de graves inconvénients : en effet, de deux choses l'une : — ou les commissions se désintéressent de leurs fonctions tutélaires, au grand préjudice des enfants — ou elles cherchent à conserver les droits que la loi leur a conférés ; et dans ce dernier cas c'est un conflit perpétuel, c'est la lutte incessante entre la commission qui a pour elle la loi, et les inspecteurs qui, pour établir leur autorité, se

(1) *Rev. des établis. de bienf.*, 1889, p. 276.

(2) Dans la séance du 21 novembre 1891, un amendement fut déposé par MM. Delmas, Hambourg, députés, en vue d'augmenter de 100,000 fr. le crédit du service des enfants assistés, pour permettre la création de postes de sous-inspecteurs dans les départements qui en sont dépourvus ou qui les ont créés à leurs frais. Mais l'amendement fut retiré sur la déclaration d'Emmanuel Arène, rapporteur, affirmant que l'état des finances ne permettait pas cette augmentation. *J. officiel* du 22.

basent sur des circulaires ministérielles les rendant reponsables de toutes les défectuosités du service.

Il faut que ce dualisme cesse, qu'une loi mette un terme à cette situation fâcheuse. La loi du 24 juillet 1889 a consacré la pratique actuelle pour les enfants moralement abandonnés c'est-à-dire l'inspecteur chargé de la tutelle. Nous ne croyons pas, bien que cette tutelle soit préférable à celle des commissions, que ce soit là un grand progrès.

La tutelle est un pouvoir protecteur institué pour remplacer la puissance paternelle. Si le tuteur a une partie des droits du père ,il en assume surtout les devoirs ; il doit veiller à l'éducation du pupille, exercer sur lui, par de bons conseils, une influence salutaire, éveiller dans son âme les sentiments nobles et généreux en même temps que l'amour du travail et de l'honneur.

Mais pour que la tutelle, dont tel est le vrai caractère, parvienne à de pareils résultats, il faut que celui qui l'exerce ait des relations continues avec son pupille, qu'ils vivent presque de la même vie. C'est dire qu'il faut laisser de côté toute tutelle s'exerçant par plusieurs individus (commission) ou un seul sur plusieurs enfants, et que les premières conditions d'une tutelle c'est qu'elle soit locale et individuelle.

Mais qui donc sera tuteur ? La réponse est facile : le père nourricier chez qui l'enfant a été placé. N'est-il pas naturellement désigné par sa position vis-à-vis de l'enfant ? Cependant, avant de lui conférer ce pouvoir, il faudrait s'assurer que l'enfant a été reçu par la famille dans des conditions affectueuses qui fassent espérer qu'il y sera toujours bien traité.

D'ailleurs, la subrogée tutelle appartiendrait nécessairement à l'administration qui doit surveiller le service et ne pas y rester étrangère.

Le rôle du conseil de famille serait dévolu aux comités de patronage qui, par leur présence même sur les lieux habités par les enfants et par la mission dont ils sont déjà investis, nous semblent mieux placés qu'une commission pour aider le tuteur et le surveiller dans l'exercice de ses fonctions (1).

IV. — Ces comités de patronage sont constitués par arrêté préfectoral. La seule surveillance exercée par l'inspecteur serait insuffisante parce qu'elle ne s'exerce qu'à des intervalles assez éloignés ; il fallait une surveillance continue, de tous les instants ; cette mission est confiée aux comités de patronage. Pour qu'ils exercent une grande influence sur les nourrices, mères, patrons, on y appelle le maire, le curé, le juge de paix, l'instituteur, « hommes dévoués ayant à cœur le bien et pouvant le réaliser par l'influence qui s'attache à l'honorabilité de la situation et du caractère ». On leur adjoint deux mères de famille. Les membres du comité se partagent la surveillance des enfants ; ils doivent faire connaître à l'administration tout ce qui intéresse le bien-être, la santé de ces enfants. Leur action est surtout très utile pendant l'apprentissage. A ce moment le subside départemental n'est plus payé, et les patrons n'ont pas d'intérêt à entourer de soins leurs élèves ; aussi peut-il arriver qu'ils exigent un travail excessif « ou que, négligé dans son éducation professionnelle, l'enfant perde à l'atelier ses plus précieuses garanties d'avenir (2) ». L'institution des comités de patronage a eu pour but de prévenir ces dangers et de les combattre.

(1) *Congr. internat. d'assist.*, t. 2, pp. 100 et s.
(2) Circ. du 2 nov. 1862.

CHAPITRE VI

Régime Financier.

I. RÉGIME ÉTABLI PAR LE DÉCRET DE 1811 : *a)* DÉPENSES INTÉRIEURES; *b)* DÉPENSES EXTÉRIEURES. — II. RÉGIME ÉTABLI PAR LA LOI DU 5 MAI 1869 : *a)* DÉPENSES INTÉRIEURES; *b)* DÉPENSES EXTÉRIEURES; *c)* DÉPENSES D'INSPECTION. — III. RESSOURCES SERVANT A PAYER LES DÉPENSES : *a)* DONS ET LEGS; *b)* AMENDES CORRECTIONNELLES; *c)* FONDS VOTÉS PAR LE CONSEIL GÉNÉRAL; *d)* CONTINGENT DES COMMUNES; *e)* SUBVENTION DE L'ÉTAT.

L'administration de l'Assistance publique n'est pas seulement obligée de protéger les enfants placés sous sa garde et de les mettre en mesure de gagner plus tard leur subsistance, elle doit, en outre, payer tous les frais de leur éducation et de leur entretien. C'est le dernier point qu'il nous reste à étudier. Qui doit supporter cette dépense ? Est-ce l'hospice, la commune, le département ou l'Etat? La législation afférente à la matière a varié et nous allons examiner la question telle qu'elle a été régie : 1° par le Décret de 1811; 2° par la loi du 5 mai 1869.

I. — 1° Décret de 1811.

La loi distinguait les dépenses affectées à ce service en dépenses intérieures et dépenses extérieures.

a) Les dépenses intérieures étaient celles que nécessitent la présence et le séjour des enfants à l'hospice. L'article 11 du Décret du 19 janvier 1811 disposait que « les hospices désignés pour recevoir les enfants trouvés sont chargés de la fourniture des layettes et de toutes les dépenses intérieures relatives à la nourriture et à l'éducation des enfants. » Ces dépenses ne comprenaient pas seulement les frais d'entretien de ces enfants dans les hospices, avant leur placement en nourrice ou leur mise en apprentissage, mais encore ceux causés par leur retour à l'hospice, soit pour cause de maladie ou pour tout autre motif. L'art. 11 ne parlait que des layettes et ne disait rien des vêtures (1). Aussi une controverse s'était élevée sur le point de savoir si ces vêtures devaient être comptées dans les dépenses intérieures et mises à la charge de l'hospice. Certains hospices, dans le but d'alléger leur budget, tentèrent de les faire comprendre dans les dépenses extérieures; mais leur prétention fut combattue par l'administration pour qui la solution opposée n'a jamais fait le moindre doute (2).

Cependant, si l'hospice dépositaire ne pouvait subvenir à la totalité des dépenses, la portion qui excédait ses ressources devait être supportée par les autres hospices du département et répartie entre eux par le préfet. Cette répartition eut lieu de 1811 jusqu'en 1837. Mais, à cette date, des protestations s'élevèrent. Certains hospices prétendirent que n'étant point dépositaires, ils ne devaient en rien contribuer aux dépenses des enfants assistés. Le ministre n'osa pas inscrire d'office au budget des hospices récalcitrants les allocations dont la légalité était contestée. La jurisprudence vint même donner raison aux pré-

(1) La layette est le trousseau qui est remis à la nourrice avec l'enfant; la vêture, celui qu'on lui remet chaque année jusqu'à ce que l'enfant ait 12 ans.

(2) Inst. min. 8 fév. 1823, ch. VIII. Circ. min. du 21 juillet 1843 et du 3 août 1844. Watteville, *Op. cit.*

tentions des hospices non dépositaires : Un arrêt du Conseil d'Etat, du 7 avril 1859, déclara qu'aucune disposition législative ne les obligeait à l'acquittement des dépenses intérieures qui étaient à la charge exclusive des hospices dépositaires (1). Réduits à leurs propres forces, ceux-ci succombaient sous les frais laissés à leurs charges. La majeure partie de leurs revenus était absorbée par le service des enfants assistés, au détriment des services placés dans les mêmes établissements, infirmes, vieillards, et leurs ressources étaient encore insuffisantes. La loi de 1869 vint mettre un terme à cette situation fâcheuse.

b) Les dépenses extérieuses, d'après l'art. 12 du décret de 1811, étaient à la charge de l'Etat, qui fournissait annuellement pour cela la somme de quatre millions (2). Si elles dépassaient ce chiffre, le surplus devait être soldé par les hospices au moyen de leurs revenus ou d'allocations sur les fonds des communes. Ces dépenses comprenaient les mois de nourrice, la pension des enfants, puis les primes accordées par l'art. 8 de l'arrêté du 30 ventôse à ceux qui prouvent avoir bien soigné les enfants qui leur ont été confiés.

La loi des finance du 25 mars 1817 vint changer cet état de choses et mettre ces dépenses à la charge du département, sans préjudice du concours des communes. Ces frais devaient être prélevés sur les centimes additionnels à la contribution foncière et à la contribution personnelle et mobilière (Loi du 23 juillet 1820.) Mais quelle devait être la part supportée par les communes? La loi du 17 mars et celle de 1820 avaient négligé de la fixer; une loi du 10 mai 1838, art. 4., § 15, chargea le conseil général de fixer la contribution qu'elles devaient fournir dans la dépense et de

(1) Watteville, l. c. t. 2, p. 380.
(2) Cette somme n'a jamais été payée. Béquel, 348.

la répartir entre elles. La loi n'établissait aucune limite; aussi une circulaire ministérielle du 21 août 1839 invitait les préfets à faire admettre par les conseils généraux que, dans aucun cas, la part imposée aux communes ne pourrait dépasser le cinquième de la totalité des dépenses; car, dans l'esprit de la loi de 1817, ce service est surtout départemental (1).

II. — Loi du 5 mai 1869.

La loi du 5 mai 1869 divise les dépenses du service des enfants assistés en : 1° dépenses intérieures; 2° dépenses extérieures; 3° dépenses d'inspection et de surveillance.

Les dépenses intérieures et extérieures constituent surtout une charge départementale; les frais de surveillance et d'inspection sont exclusivement supportés par l'Etat.

a) L'hospice ne participe aux frais que pour une part assez minime. Cependant, il doit avancer toutes les dépenses intérieures. Ces dépenses intérieures sont les mêmes que sous le régime précédent; elles lui sont remboursées chaque semestre, partie par le département, partie par l'Etat. L'hospice doit justifier de tous les frais qu'il réclame; démontrer que le séjour de l'enfant était indispensable dans l'intérêt de sa santé; à ces seules conditions, il touche les allocations qui lui sont dues; « hors de ces cas et s'il était démontré que l'enfant fût retenu sans nécessité dans l'intérieur de la maison dépositaire, l'hospice s'exposerait au rejet de sa demande en remboursement (2) ».

Sur quelle base calcule-t-on l'indemnité qui est due à l'hospice? Le tarif des frais de séjour et le prix des layettes est fixé tous les cinq ans par arrêté préfectoral sur les propositions des commissions admi-

(1) Watteville, t. 1. *Op. cit.*
(2) Circ. min. du 3 août 1869.

nistratives et après avis du conseil général (1). La circulaire du 3 août 1869 porte que le tarif des frais de séjour doit représenter l'équivalent à peu près de la pension payée aux nourriciers d'après les proportions les plus élevées du tarif départemental. C'est équitable, les maisons dépositaires se trouvant habituellement placées dans les grandes villes où les dépenses sont toujours plus chères.

b) Les dépenses extérieures (art. 3) comprennent : 1° les secours temporaires destinés à prévenir ou à faire cesser l'abandon. — La loi de 1869 a consacré une pratique suivie dans les hospices depuis que l'on avait commencé à fermer les tours. Ces secours, dont le taux est fixé par le conseil général, sont donnés à toute personne qui consent à garder ou à reprendre un enfant déposé. C'est un remède contre la misère qui ne peut plus être la cause d'un délaissement. Ce moyen d'assistance sera l'objet d'un chapitre.

« 2° Le prix des pensions et les allocations réglementaires ou exceptionnelles concernant les enfants placés à la campagne ou dans les établissements spéciaux ; les primes aux nourriciers, les frais d'école, s'il y a lieu, et les fournitures scolaires. »

Les pensions comprennent les mois de nourrice, puis les pensions proprement dites, payées à ceux qui ont un enfant âgé de plus de six ans et de moins de treize ans. Sous l'empire du décret de 1811, la fixation du prix de ces pensions devait être faite par le préfet (2) tous les cinq ans. D'abord, cette prescription ne fut pas appliquée. Le prix des mois de nourrice et des pensions, fixé peu après la promulgation du décret de 1811, ne fut plus modifié jusqu'en 1841, époque à laquelle il était devenu insuffisant. — Actuellement

(1) Circ. min. du 5 mai 1869.

(2) Circ. du 27 mars 1810 et du 15 juillet 1811. Circ. du 13 août 1846.

ces prix sont fixés par le préfet, de concert avec le Conseil général. Le prix n'est pas le même dans chaque département, et généralement il est peu élevé. Dans un rapport adressé, le 28 janvier 1889, au ministre de l'intérieur, M. Monod démontre combien ces prix sont insuffisants. « Pour les enfants assistés du premier âge élevés au biberon, la moyenne du salaire de la nourrice est de 16 à 27 francs par mois, soit 54 centimes environ par jour. La layette représente en moyenne une dépense de 32 francs (31 fr. 45); ce que l'on appelle l'indemnité de ventôse est en moyenne de 19 francs (18 fr. 45). Cette dernière allocation, réglée par l'arrêté directorial du 30 ventôse an V, est afférente aux neuf premiers mois de la vie et se paie par tiers, de trois mois en trois mois (1). Aujourd'hui, seule, la première est payée, la seconde a été considérablement réduite : elle n'est que de 12 francs; la troisième a été supprimée. C'est donc un peu moins de 60 centimes par jour que reçoit la nourrice... Il y a quatre départements où le salaire n'est que de 10, 9 et 7 francs par mois, soit de 32 à 20 centimes par jour.

« Abstraction faite du département de la Seine, le tarif moyen, pour les pupilles de un à cinq ans, est, en chiffres ronds, de 10 francs par mois (10 fr. 36), 34 centimes par jour... »

(1) L'arrêté de ventôse avait établi trois sortes de primes; la première (celle dont parle M. Monod) qui s'élevait à 18 fr. et qui s'applique aux neuf premiers mois; la seconde, d'une valeur de 50 fr., s'applique à la période de la vie de l'enfant qui s'écoule depuis 9 mois jusqu'à 12 ans : pour la toucher il fallait avoir préservé l'enfant de toute maladie provenant de défaut de soins; la troisième d'une valeur de 50 fr. était attribuée aux personnes chez qui étaient placés les enfants âgés de plus de 12 ans. Ces primes n'ont jamais été payées d'une façon bien régulière par les départements; elles ont été souvent supprimées. Circ. min. du 13 août 1841 et du 3 août 1860.

Nous souhaitons, comme le demande M. Monod, que le législateur intervienne pour fixer un minimum par catégories d'âge, au-dessous duquel il ne sera pas permis aux conseils généraux de descendre (1).

Les frais d'école et de fournitures ne font plus partie de ces dépenses, depuis la gratuité de l'enseignement primaire établie par la loi du 16 juin 1881.

3° Les frais de vèture. — Bien que classées dans les dépenses extérieures, les vètures sont toujours fournies par les hospices, sauf remboursement ultérieur.

4° Les frais de déplacements, soit des nourrices, soit des enfants, et au besoin, les frais relatifs à l'engagement des nourrices.

5° Les registres et imprimés de toute nature, les frais de livret et les signes de reconnaissance établis par les règlements.

6° Les frais de maladie et d'inhumation des enfants placés en nourrice ou en apprentissage. Pour les soins à donner aux enfants malades, quelques départements ont organisé un service médical spécial. Nous désirons que les autres départements imitent cet exemple.

c) Enfin, les dépenses d'inspection et de surveillance sont à la charge de l'Etat.

Elles comprennent les traitements et frais de tournées des inspecteurs et des sous-inspecteurs, et généralement les frais occasionnés par la surveillance du service (art. 4). Nous avons étudié dans un chapitre spécial l'origine et l'organisation de cette institution.

III. — Quels sont les revenus, les ressources destinés à couvrir les frais du service des enfants assistés ? La loi du 5 mai 1869 les énumère dans son article 5. Ce sont : 1° les dons et legs spéciaux faits à tous les hospices du département, au profit des enfants assis-

(1) *Congr. internat. d'assistance*, t. 1, pp. 150 et s.

tés; — 2° le produit des amendes correctionnelles; — 3° Les fonds votés par l'assemblée départementale; — 4° le contingent des communes; — 5° la subvention de l'Etat.

Etudions chacune de ces sources de revenus.

a) 1° Dons et legs spéciaux. — Il est très logique que les produits de ces fondations spéciales soient les premiers employés dans la dépense.

Ce système est conforme à la fois à l'intention du donateur et à l'intérêt de tous ceux qui, en cas de suffisance, seront dispensés de combler le déficit. Ces dons et legs fixent la mesure dans laquelle les hospices dépositaires ou non sont tenus de contribuer aux dépenses; par conséquent, à défaut de libéralités spéciales, ils n'y participent pas sur leurs revenus propres; à ce point de vue, la loi de 1869 les a complètement exonérés.

Les hospices non dépositaires sont-ils obligés de consacrer une partie des dons, à eux faits sans désignation spéciale, au service des enfants assistés ? La question est controversée.

En faveur de l'affirmative, on argumente de la loi du 27 frimaire an V qui veut que le service des enfants assistés soit à la charge de tous les hospices de la République. Le décret de 1811 a centralisé ce service dans un seul hospice, mais l'obligation de supporter les dépenses n'en est pas moins restée commune à tous les hospices. Si donc l'hospice dépositaire ne peut suffire à ces dépenses, les autres hospices doivent l'aider de leurs ressources, d'une partie de leurs fondations. La loi de 1869, en ne parlant que des dons et legs spéciaux, a voulu faire une énumération énonciative non une énumération limitative (1).

La jurisprudence admet que les hospices ne doivent

(1) Béquet, *Répert. de dr. Administ.*, n° 356.

contribuer à la dépense des enfants assistés que dans la mesure des *dons spéciaux* qui leur ont été faits. Les lois du 27 frimaire an V et du 5 mai 1869 ont fait de cette dépense une obligation nationale, une dette de la société plutôt qu'une charge hospitalière; étant donné ce caractère, les hospices qui n'ont pas reçu de libéralités spéciales sont exonérés de toute contribution.

Ce dernier système est juste. L'art. 5, 1° de la loi ne laisse aucun doute ; il ne parle que des fondations spéciales. En outre, comme on ne connaît pas l'intention du testateur ou du donateur, il faut s'en tenir aux termes stricts du testament ou de la donation. Ne doit donc profiter de la libéralité, que l'hospice qui en a été l'objet. Quel sera le tribunal compétent pour décider si un legs est spécial ou non ? La jurisprudence est constante, ce sont les tribunaux ordinaires et non les tribunaux administratifs. Il s'agit en effet d'interpréter un testament ou une donation, question qui appartient au droit civil (1).

6). 2° Le produit des amendes correctionnelles. — L'arrêté du 25 février an VIII avait déjà affecté au service des enfants assistés une partie des amendes correctionnelles ; les revenus devaient être exclusivement consacrés au paiement des mois de nourrice. L'ordonnance du 30 décembre 1823 reproduisait la disposition de l'arrêté de floréal et fixait au tiers du produit de ces amendes la part qui revenait à ce service. La loi de 1869 a confirmé les lois précédentes, et dans la discussion de la loi on a déclaré que le produit devait être affecté au paiement des dépenses intérieures ; quant à la portion qui est consacrée aux enfants assistés, la loi des finances du 26 déc. 1890 (art. 11) l'a réduite ; aujourd'hui elle n'est plus que

(1) Cass., 19 févr. 1878, Sirey, 7, 8, 7, 301. Cass. 7 juillet 1884. Sirey, 85, 1, 443. Conseil d'Etat, 13 juillet 1877.

du quart. D'après ce texte, le produit des amendes prononcées par les tribunaux répressifs est ainsi réparti dans chaque département : une part fixée dans la proportion de 20 pour 100 est dévolue à l'Etat ; le reste est distribué de la façon suivante : une moitié est allouée à toutes les communes et répartie au prorata de leur population. Un quart est distribué aux communes les plus pauvres ; l'autre quart, dévolu au service des enfants assistés constitue aujourd'hui une ressource de peu d'importance.

γ) 3° Fonds votés par le conseil général. — C'est la ressource principale du budget des enfants assistés. Toutes les dépenses qui ne sont pas couvertes par les autres revenus, dons et legs, amendes, contingent des communes, etc..., sont à la charge du département depuis la loi du 5 mai 1869. Les conseils généraux ont été obligés d'élever le chiffre des fonds votés pour ce service. Avant cette loi, les dépenses intérieures étaient payées par les hospices, aujourd'hui elles font partie des charges du département au même titre que les dépenses extérieures.

La loi du 10 mai 1838 (art. 12 et 14) avait établi que ces dépenses étaient obligatoires et par conséquent pouvaient être inscrites d'office au budget départemental en cas de refus. Depuis la loi du 18 juillet 1866 et celle du 10 avril 1871, cette dépense est devenue facultative. Les conseils généraux ont pleins pouvoirs pour statuer sur la question ; ils ne sont pas forcés de subir cette dette ; en fait, ils ne cherchent pas à se soustraire à cette obligation morale ; ils lui consacrent chaque année une grande partie de leurs revenus, et, en cela, ils font œuvre de patriotisme et de charité bien entendue.

Les délibérations prises par les conseils généraux sont définitivement exécutoires, elles ne peuvent être annulées que pour excès de pouvoirs ou violation d'une loi ou d'un règlement d'administration publique.

5) 4° Contingent de la commune. — Nous avons vu qu'une circulaire du 21 août 1839 avait engagé les conseils généraux à ne pas grever les communes d'une contribution supérieure au cinquième des dépenses totales. La loi de 1869 a réduit encore cette contribution. Laissant au conseil général une latitude suffisante pour en fixer le chiffre, elle déclare que ce contingent ne peut excéder le cinquième des dépenses extérieures. (Ar. 5-4°.) Le contingent est réparti entre les communes par le conseil général. Sa décision est définitive et elle ne peut être attaquée par une commune pour excès de pouvoir et sur le prétexte que la part mise à sa charge est exagérée (1).

Toutes les communes doivent-elles être comprises dans la répartition ou bien seulement celles dont quelques habitants ont déposé leurs enfants à l'hospice ? Le Conseil d'Etat, appelé à statuer sur la question, a déclaré que toutes les communes devaient contribuer à la dépense, et les arguments qu'il donne nous paraissent concluants. D'abord, la seule condition imposée par la loi de 1869, c'est que le contingent des communes ne doit pas dépasser le cinquième des dépenses extérieures. En outre, quand la loi a voulu mettre la dépense à la charge des communes dont les habitants profitaient de l'institution, elle l'a dit formellement, par exemple pour les aliénés (art. 28, § 1er de la loi du 30 juin 1838). Enfin, sous le décret de 1811, la contribution des communes était fixée par le conseil général, et la distribution a toujours été faite entre toutes les communes. La loi de 1869 n'a point dérogé à cet état de choses.

Ce contingent est une dépense obligatoire pour la commune (art. 136-10° et 149 de la loi du 5 avril 1884).

L'évaluation de ce cinquième a donné lieu à des difficultés. Faut-il le calculer sur les dépenses exté-

(1) C. d'Etat, 22 juin 1883. Sirey, 85, 3, 33.

rieures brutes, ou bien sur ces dépenses, déduction faite de la partie que couvrent les fondations et les amendes correctionnelles, réparties également entre les dépenses extérieures et intérieures? Ce dernier mode devra être employé. Le but du législateur a été de venir en aide au département; il faut donc calculer ce 1/5 sur la part des dépenses qui reste exclusivement à la charge du département, c'est-à-dire tout ce qui n'est pas payé par les legs et les amendes (1).

c) 3° Contingent de l'Etat. — Ce contingent est égal au cinquième des dépenses intérieures. Les frais sont avancés par le département et remboursés chaque semestre sur la production d'un bordereau certifié par le préfet.

Pour calculer le cinquième payé par l'Etat, on applique les règles édictées plus haut pour calculer le contingent des communes. L'Etat ne devra pas de subvention si les dépenses intérieures sont couvertes par la moitié du produit des dons, legs et amendes (2).

Telles sont les ressources qui alimentent le service des enfants assistés. On voit que le débiteur principal est le département qui supporte la plus grande partie des frais. La part de l'Etat est faible; cela s'explique par cette considération que l'Etat supporte seul les frais d'inspection.

(1) Conseil d'Etat, 3 mars 1882, D. P., 1883, 3, 113. Avis du Conseil d'Etat du 5 juillet 1881, D. P., 1881, 3, 113.

(2) Nous verrons que la loi du 24 juillet a modifié le chiffre de cette subvention.

TROISIÈME PARTIE

Des Secours temporaires destinés à prévenir ou à faire cesser l'abandon

I. ORIGINE DE L'INSTITUTION. — II ORGANISATION ACTUELLE. *a)* SECOURS D'ALLAITEMENT. *b)* ALLOCATION D'UNE NOURRICE. *c)* SECOURS EN ARGENT.

I. — L'Institution des secours temporaires remonte à la Convention (1); mais elle ne fut mise en pratique qu'après le rapport de M. de Gasparin au roi, en 1837. Dans ce rapport, on lisait ces lignes qui donnent le véritable caractère de ce mode d'assistance : « Si la mère pouvait nourrir son enfant, si, au moment de sa naissance, elle n'était pas souvent dépourvue du plus strict nécessaire, elle se déterminerait difficilement à l'abandonner; si la femme véritablement indigente avait l'espoir d'obtenir un secours alimentaire qui lui permettrait d'élever son enfant pendant les premiers temps, elle le garderait et ne s'en séparerait plus.

« Il s'agirait donc de remplacer, par un bon système de secours à domicile pour la mère, les secours que l'on donne aujourd'hui à l'enfant dans l'hospice ; il s'agirait de payer à la mère les mois de nourrice qu'on paye actuellement à une nourrice étrangère ».

(1) Décret des 28 juin, 8 juillet 1793.

L'idée était excellente : cependant l'institution se développa difficilement; ces secours aux filles-mères furent vus avec défaveur et considérés comme une prime donnée au dévergondage et à la débauche (1). Le changement de dénomination en secours aux nouveau-nés ne vint guère augmenter leur popularité. En 1859, 14,614 enfants seulement pour toute la France profitaient de cette institution.

II. — Grâce aux efforts de l'administration, la

(1) On a dit et on répète encore que la fille-mère était plus favorisée que la mère légitime; celle-ci ne peut s'adresser qu'au bureau de bienfaisance, dont l'allocation est de beaucoup inférieure au secours temporaire. « Cette différence de traitement tient à la différence de situation; les enfants naturels sont plus exposés à être abandonnés et courent de plus grandes chances de mort que les enfants légitimes; le secours est donné pour l'enfant et non pour la mère. »

D'ailleurs à Paris, le Conseil général s'efforce de faire disparaître cette différence entre le secours aux filles-mères et le secours donné par le bureau de bienfaisance. A cet effet, on a réparti entre les deux services les mères qui doivent être secourues.

Le bureau de bienfaisance, pour Paris, a la charge de tous les ménages, réguliers ou irréguliers, sauf dans le cas d'internement ou d'emprisonnement du mari; il reste saisi même au cas où le chef de famille serait atteint d'une maladie chronique, en traitement à domicile ou à l'hôpital.

Le bureau de bienfaisance, dans les communes suburbaines, a seulement la responsabilité des ménages réguliers.

Le bureau des enfants assistés a dans sa compétence toutes les filles-mères abandonnées, les veuves et les mères délaissées du département, les ménages irréguliers de la banlieue; les veufs avec plusieurs enfants ont été assimilés aux mères délaissées.

Enfin le Conseil général vote une somme (100,000 fr. en 1893), qui est distribuée aux bureaux de bienfaisance des vingt arrondissements et qui permet d'augmenter le taux et la durée de l'allocation. Aussi est moins sensible l'écart qui existait entre les divers secours donnés aux mères nécessiteuses, non moins dignes d'intérêt les unes que les autres, quelle que soit l'autorité bienfaisante dont elles relèvent. Paul Strauss, Rapport au Cons. général de la Seine pour l'année 1893).

résistance des conseils généraux fut peu à peu vaincue et la loi du 5 mai 1839 assura l'existence des secours temporaires en les inscrivant au nombre des dépenses extérieures. Ils sont accordés, en province par l'inspecteur départemental, à Paris par l'hospice dépositaire et la division des enfants assistés; ils revêtent trois formes différentes: 1° *Secours d'allaitement*; 2° *Allocation d'une nourrice*; 3° *Secours en argent.*

a) Le Secours d'allaitement est donné à la mère qui consent à allaiter son enfant. Ce mode d'assistance est de beaucoup le meilleur : la présence de l'enfant auprès de sa mère développe la force de l'amour maternel et crée une sauvegarde contre l'abandon; elle procure au nourrisson des soins plus tendres, plus affectueux que ceux qu'il recevrait d'une main mercenaire et diminue les chances de la mortalité; enfin, elle est une garantie pour la moralité de la mère. Comme le disait M. Clémenceau, en sa qualité de rapporteur du budget des enfants assistés au Conseil général de la Seine, « le but idéal, vers lequel il faudrait tendre, doit être de mettre les enfants en nourrice chez leur propre mère ». Seulement, en pratique, des obstacles sérieux empêchent que ce mode d'assistance produise tous les bons résultats qu'on est en droit d'en attendre. D'abord, toute une catégorie de mères ne peut user de ce secours; ce sont celles que la nature de leurs occupations oblige à travailler hors de leur domicile, les domestiques, ouvrières, etc.., elles ne peuvent garder avec elles leur enfant (1). En second lieu le taux du secours est

(1) L'un des moyens les plus commodes pour leur permettre d'user du secours d'allaitement serait de multiplier les crèches. On appelle ainsi des établissements destinés à garder, pendant les heures de travail de la mère, les enfants trop jeunes pour être admis à l'école maternelle. On n'y reçoit, moyennant une faible rétribution, que les enfants des femmes nécessiteuses travaillant hors de leur domicile. Ces crèches constituent des œuvres de bienfaisance

trop peu élevé et ne permet pas à la fille-mère surtout à l'ouvrière des villes, de subvenir à l'entretien de son enfant; La modique somme qu'on donne et qui ne dépasse pas 350 fr. par an ne saurait compenser le temps, que l'on doit consacrer, les soins assidus qu'il faut donner à un nourrisson..

b) Le secours dit *Allocation d'une nourrice* est donné aux mères, qui, ne pouvant conserver leur enfant, sont hors d'état de payer une nourrice. L'administration fournit et paye la nourrice. Autrefois, la mère recevait, soit une somme unique (il arrivait souvent qu'elle l'employait à son usage personnel et que, l'ayant épuisée, elle abandonnait l'enfant), soit

instituées par la charité privée. Pour les ouvrir il faut une autorisation du préfet et elles sont soumises à des conditions d'hygiène et de surveillance médicale (Décret du 15 mars 1862 et règlement du 30 juin 1862). En déposant son enfant, la mère doit s'engager à venir l'allaiter (art. 13 du règlement). D'après l'Académie de médecine, l'allaitement doit avoir lieu toutes les deux heures environ; on comprend que beaucoup de femmes ne peuvent venir remplir ce devoir sans grand dérangement pour leurs occupations; la crèche ne peut leur rendre service qu'à condition d'être très rapprochée afin que leur absence soit de courte durée. Dans ce but, les crèches doivent être multipliées; il faut qu'elles soient nombreuses, surtout dans les grandes villes, de façon que la mère ait son enfant presque à ses côtés. Mais pour atteindre ce résultat, on ne doit pas laisser à l'initiative privée le soin de fonder les crèches : elles doivent être réunies aux autres services de l'Assistance publique et devenir ainsi une institution nationale. C'est à la seule condition que l'État en prenne la direction, qu'elles recevront une organisation sérieuse et qu'elles acquerront le développement nécessaire pour devenir très utiles; elles permettront à presque toutes les mères de recevoir le secours d'allaitement et de conserver leur enfant : la conséquence immédiate sera la suppression du secours en nourrice; de plus l'administration pourra facilement contrôler la conduite de la mère à l'égard de son enfant et s'assurer qu'elle remplit ses devoirs; enfin celles qui, pour ne point se séparer de leur progéniture, ont consenti à rester chez elles, pourraient aller travailler dehors et gagner davantage; de là diminution dans le taux des secours et possibilité de secourir un plus grand nombre de mères.

une allocation mensuelle; alors, durant le temps nécessaire, pour trouver une nourrice, la mère mettait l'enfant chez une gardeuse, ce qui souvent entraînait sa mort; ou bien, munie d'un billet spécial, le *billet jaune*, elle se présentait au bureau des nourrices où on lui fournissait une nourrice dite *Mamelle de rebut*. Aujourd'hui, ces abus ont disparu. La nourrice donnée à la mère doit fournir les mêmes garanties que celles à qui sont confiés les pupilles de l'hospice. Envoyé à la campagne, l'enfant est placé sous la surveillance du directeur de l'agence et du médecin de la circonscription.

c) Le *Secours en argent* le plus important (il y en a plusieurs) est celui qui est destiné à payer le premier mois et le voyage de la nourrice; il varie entre 35 et 50 francs et ne doit être payé qu'une fois; cependant la règle est souvent éludée, et l'administration intervient, à Paris du moins, toutes les fois qu'elle le juge nécessaire (1).

Les inspecteurs départementaux reconnaissent les excellents résultats produits par ces secours temporaires. Mais pour qu'il en soit ainsi, ils doivent être distribués avec discernement, dans l'intérêt de l'enfant et non pour épargner les ressources départementales. Le secours est moralisateur et ne doit l'obtenir que celle qui a les sentiments de la mère pour son enfant, « qui tient à l'élever, qui sait et veut le soigner, qui est laborieuse, honnête et animée du désir de suffire à sa tâche. » Si la fille-mère ne remplit pas ces conditions, il vaut mieux que l'enfant aille à l'hospice.

Ce secours que l'on doit toujours offrir aux parents pour prévenir l'abandon, ne doit jamais leur être imposé. Dans certains cas, l'admission s'impose; il faut, avant tout, sauver l'enfant et assurer son ave-

(1) Rapport Strauss pour 1893.

nir, surtout quand l'honneur de la famille est en jeu. C'est un devoir et une obligation pour la société, dont l'accomplissement passe avant toute considération budgétaire.

Dans la plupart des départements, la quotité des secours est fixe et la même pour tous. Cette façon de procéder est défectueuse : il n'est pas juste que la fille-mère, qui, dans une certaine mesure, peut subvenir à l'entretien de son enfant, reçoive la même allocation que celle qui se trouve dans le plus complet dénûment. La logique veut qu'elle soit proportionnée à la situation de la mère de l'enfant (1); c'est la condition d'une charité bien faite.

Tel est l'esprit qui doit guider dans la distribution de ces secours; à ce prix, ils produiront tout le bien dont ils sont susceptibles, non seulement pour les départements dont ils ménagent les finances, mais surtout pour les mères malheureuses auxquelles ils permettent de conserver leur enfant.

(1) Il en est ainsi dans le Pas-de-Calais.

APPENDICE

Projet de loi sur le service des Enfants assistés.

Comme on a pu le voir dans l'étude précédente, la législation concernant le service des enfants assistés, manque absolument d'unité et d'homogénéité. Sauf la loi de 1869, qui en a réglé définitivement la partie financière, nulle part on ne trouve la moindre fixité ; en apparence, ce sont la loi du 15 pluviôse an XIII et le décret-loi de 1811 qui régissent les autres parties de ce service ; au fond, presque rien ne subsiste des dispositions de ces deux lois. Certains de leurs articles n'ont jamais été appliqués, d'autres sont tombés en désuétude à la suite de circulaires ministérielles ou de délibérations des conseils généraux, auxquels les lois de 1866 et de 1871 ont donné une large initiative en cette matière. Il est donc indispensable et urgent de codifier ces dispositions éparses, c'est-à-dire d'établir l'unité et la clarté dans ce fouillis de lois « qui se heurtent, se superposent, se modifient, se contredisent ». Cette nécessité ne s'est pas fait sentir d'hier. Ce qui le prouve, ce sont les tentatives faites dans ce but, dès 1850, et qui toutes ont échoué, faute de pouvoir concilier les partisans du tour et ses adversaires (1). Aujourd'hui que les passions se sont calmées, que la lutte est devenue moins vive, les

(1) Voyez : page 79.

mêmes obstacles ne s'opposeront pas au succès de cette réforme entreprise par le Gouvernement. Dans la séance du 18 février 1892, un projet de loi sur le service des enfants assistés a été soumis au Sénat. Ce projet n'est pas seulement la codification des textes de loi actuellement appliqués; on a fait davantage : on a révisé la législation, on l'a mise d'accord avec la conception moderne du devoir social envers ces innocents, si dignes d'intérêt, en y introduisant des réformes généralement désirées ou consacrées par une longue expérience.

Dans l'examen rapide de ce projet, nous ne nous occuperons que des innovations qu'il introduit dans les règles actuelles.

Le projet étend beaucoup la répartition du secours temporaire : il ne sera plus seulement réservé aux enfants des filles-mères, mais il pourra être accordé aux enfants des femmes veuves, divorcées ou abandonnées de leurs maris. Elles n'en seront plus réduites, comme aujourd'hui, à s'adresser aux bureaux de bienfaisance. Les enfants légitimes dont la mère est indigente, sont exposés à l'abandon presque autant que les enfants naturels; leur droit au secours est donc légitime. Une seconde innovation très heureuse, c'est la faculté pour l'administration de mandater le secours au nom de la nourrice, quand la mère n'aura pas pu allaiter son enfant. En assurant le paiement de la nourrice, on garantit à l'enfant des soins assidus qui diminueront les chances de la mortalité, si nombreuses dans la première période de la vie.

L'article 7 est l'une des dispositions les plus importantes; il supprime toutes les formalités qui accompagnent l'admission des enfants, par l'établissement du bureau ouvert tel qu'il fonctionne aujourd'hui à Paris; non seulement le déposant pourra répondre ou ne pas répondre aux questions posées, mais même la production de l'acte de naissance ne sera pas obligatoire (1). N'est-ce pas là le rétablissement du tour sous une forme plus moderne, plus intelligente, avec la certitude du secret? Ce système est même supérieur, parce qu'il permet d'offrir le secours temporaire et de conserver à l'enfant sa famille. On lui reproche d'être trop large et de favoriser les suppressions d'état et l'abandon d'enfants que leur mère pourrait élever. Sans doute, ce reproche est fondé; mais « mieux vaut une suppression d'état qu'une suppression d'enfant »; avant tout, il faut sauver cet innocent que la mère à le courage ou la cruauté d'abandonner; obliger la mère à le garder, serait souvent condamner l'enfant à une mort certaine; l'infanticide n'est pas toujours commis par la violence; le froid, la faim servent fréquemment à commettre ce crime, avec la certitude de l'impunité. L'admission à bureau ouvert fera disparaître tous ces maux.

Cependant, il fallait éviter les abus. Aussi l'admission à bureau ouvert ne sera faite que pour les enfants, âgés de moins de sept mois; pour les autres, ils ne seront admis qu'après enquête et décision conforme du préfet. Pourquoi cette limite de sept mois? On veut permettre à celle qui, malgré sa situation précaire, veut garder son enfant, d'essayer de subvenir à son entretien, de mesurer ses forces contre les difficultés de la vie et peut-être d'en triompher; il ne fallait pas que cette noble tentative lui fit perdre le bénéfice de l'admission à bureau ouvert. Un terme plus court aurait pu empêcher ces dévouements de se produire.

Jusqu'à quel âge l'admission peut-elle être faite?

(1) La suppression de cette seconde formalité a donné lieu à une discussion très intéressante au sein du Conseil supérieur d'Assistance publique entre M. Brueyre, qui voulait la production de l'acte de naissance, et MM. Strauss et Thulié opposés à cette production Voir fascicule 31 des *Publicat. du cons. supér. d'Ass. publiq.* p. 103 et suiv.

Le projet fixe l'âge de seize ans comme limite, tout en laissant aux conseils généraux le pouvoir de la reculer (art. 4).

Le projet donne la tutelle de tous les pupilles de l'assistance au préfet avec faculté de délégation (1) dans les départements, au président élu du conseil général des hospices de Lyon, dans le département du Rhône; à Paris, elle appartiendra, comme aujourd'hui, au directeur de l'assistance publique de la Seine, mais il sera assisté d'une commission de neuf membres, élue par le conseil général et renouvelée par tiers tous les deux ans. Ailleurs, la commission administrative constitue le conseil de famille (art. 9 et 10).

La remise de l'enfant peut être faite soit aux parents, soit à d'autres personnes; dans le premier cas, il faut que le tuteur estime, après avis du conseil de famille, que la remise est dans l'intérêt du mineur (c'est là une grave atteinte à la puissance paternelle); dans le second cas, l'Assistance publique conserve la tutelle (2). Au bout de trois ans, le particulier qui a obtenu la garde de l'enfant peut demander la tutelle officieuse, sans remplir les conditions d'âge de l'article 361 du Code civil (art. 16).

Les enfants, reçus à l'hospice, doivent être placés dans une crèche, séparée des quartiers des autres pensionnaires (art. 17-3°); on évitera ainsi cette promiscuité, qui rend si dangereux pour les pupilles leur séjour à l'hospice. Les articles 18 à 24 reproduisent les règles actuelles sur le placement à la campagne, la rétribution des nourrices, durée des pensions, envoi des enfants à l'école, contrats d'apprentissage, etc...

(1) Voir ce que nous avons dit, p. 136.

(2) Le tiers n'obtiendra que l'exercice des droits; il y aura une situation analogue à celles visées par le titre II de la loi du 24 juillet 1889.

La disposition 26 comble une lacune; elle donne les moyens de punir sévèrement les pupilles qui ont donné des sujets de mécontentement graves : « Est réputé vicieux le pupille qui, par des actes d'immoralité, d'improbité ou de cruauté donne des sujets de mécontentement graves. — Lorsque l'application à un pupille vicieux de l'article 468 du Code civil (c'est-à-dire du droit de correction) a lieu pour la seconde fois, le président du tribunal civil de la résidence de l'enfant peut, à la requête du tuteur, présentée après avis conforme du conseil de famille, décider que l'enfant sera maintenu dans l'établissement correctionnel pendant une période qui ne pourra excéder six mois. — A l'expiration du délai, le président du tribunal peut ordonner la maintenue pendant une période de six mois; la décision intervient à la requête du tuteur, après avis conforme du conseil de famille, sur le vu d'un rapport du directeur de l'établissement et, si elle est jugée utile, après la comparution de l'enfant. — En vertu de décisions semestrielles prises dans les mêmes formes, la maintenue peut être prolongée jusqu'à la majorité du pupille. Le pupille détenu peut toujours réclamer contre son internement dans les conditions du deuxième paragraphe de l'article 382 du Code civil. » D'après le droit commun, une seconde détention ne peut être ordonnée qu'après l'accomplissement des formalités requises (art. 376 et 377, C. c.) et si elle est motivée par des faits nouveaux. L'article 26 supprime les formalités et permet de prolonger l'éducation correctionnelle tant que durent les mauvais instincts de l'enfant.

Le projet s'occupe aussi des pupilles « difficiles »; on appelle ainsi ceux qui, à raison de leurs défauts de caractère, se font renvoyer par leurs nourriciers ou leurs patrons. Au lieu d'être ramenés à l'hospice, où l'on n'a pas les moyens de les corriger, ils seront placès dans des « établissements d'observation et de préservation » créés par les départements (art. 27).

Pour ce qui concerne la surveillance médicale et administrative du service, rien n'est changé aux règles actuelles.

L'une des réformes les plus importantes faites par le projet est celle du domicile de secours. L'article 42 dit que les enfants trouvés et les enfants visés par le paragraphe 2 de l'article 7, c'est-à-dire ceux qui sont admis à bureau ouvert, ont leur domicile de secours dans le département où est situé l'hospice où ils ont été portés. Cette innovation aura pour conséquence de supprimer cette enquête administrative, faite pour établir ce domicile de secours, dont les effets sont parfois si funestes : les malheureuses mères, réduites à l'abandon, seront sûres du secret. — Les autres enfants ont leur domicile de secours dans le département où ils sont nés; le secret n'étant pas nécessaire il était inutile de supprimer l'enquête qui précède le rapatriement de l'enfant. Ce système, beaucoup plus simple que celui de la loi du 24 vendémiaire an II, supprime toutes les contestations auxquelles donne lieu aujourd'hui la détermination du « domicile habituel de la mère » qui constitue pour l'enfant son domicile de secours.

Le service des enfants assistés continue d'être un service départemental : mais l'article 46 lui reconnait la personnalité civile; il pourra à ce titre recevoir des dons et legs, dans les conditions prévues par l'article 46 de la loi du 10 août 1871.

Au point de vue financier le projet apporte de grandes modifications aux règles actuelles. La distinction des dépenses en dépenses extérieures et dépenses intérieures est supprimée ; elles sont réunies sous le nom de dépenses du service et sont à la charge du département pour trois cinquièmes, des communes pour un cinquième et de l'Etat pour un cinquième (1). Il y a en outre les dépenses d'inspection qui restent à la charge de l'Etat.

Le Conseil général reste compétent pour fixer le taux du secours, les prix de journée dans les hospices, etc.... Cependant pour le salaire des nourrices, les primes de survie et les prix de pension aux nourriciers, un tableau en déterminera, par zone, les tarifs minima; dressé après enquête et avis des Conseils généraux, ce tableau sera révisé tous les cinq ans. C'était le seul moyen de mettre un terme à la parcimonie de beaucoup de départements; actuellement les nourrices y reçoivent une allocation insuffisante ou dérisoire, ce qui cause le défaut de soins et la mort de beaucoup de pupilles. Sûre d'être justement rémunérée, la nourrice ne regrettera pas sa peine et ne sera plus obligée de demander à d'autres occupations les ressources nécessaires pour vivre. De même les nourriciers n'hésiteront plus à envoyer l'enfant à l'école; et l'on n'aura pas à craindre, comme maintenant, qu'ils demandent à un surcroit de travail de sa part le complément des quelques deniers, que leur donne l'administration.

Cette réforme a paru si importante au gouvernement que le projet rend obligatoires pour les département les dépenses ayant pour objet l'application de ces tarifs minima; on aura ainsi raison de la résistance des Conseils généraux. Sont également obligatoires, la fourniture des layettes et des vêtures aux pupilles âgés de moins de treize ans et les frais d'assistance médicale.

En cas de refus ou d'omission de la part du Conseil général, d'inscrire au budget un crédit suffisant

(1) En somme, l'augmentation des charges provenant de l'établissement du bureau ouvert et de l'admission des enfants légitimes aux secours temporaires retombera moins sur le département que sur l'Etat et sur les communes dont la part contributoire est plus forte.

pour l'acquittement des dépenses obligatoires, on appliquera l'article 61 de la loi du 10 août 1871 (art. 57).

Ce projet, formant le Code du service des enfants assistés, abrogerait la loi du 15 pluviôse an XIII, le décret du 19 janvier 1811 et la loi du 5 mai 1869.

QUATRIÈME PARTIE

Enfants maltraités et moralement abandonnés.

(LOI DU 24 JUILLET 1889)

Il y a, surtout dans les grandes villes, un très grand nombre d'enfants dont la situation fâcheuse constitue un vrai danger pour la société : sans domicile certain, sans moyens d'existence avouables, ils rôdent nuit et jour à la recherche d'un gite ou d'un morceau de pain. Voués à la misère, ils ne tardent pas à commettre des délits qui amènent leur comparution devant les tribunaux correctionnels. Mais arrêtés le plus souvent comme simples vagabonds, ils sont enfermés dans une maison de correction, où ils se pervertissent davantage au contact d'autres enfants plus vicieux qu'eux ; aux dangers de la rue, on substitue ceux d'une société plus dangereuse de gredins avérés (1). Si on les remet à leurs parents,

(1) Pour remédier à de si graves dangers, une société s'est formée au palais, à Paris, sous le nom de Comité de défense des enfants traduits en justice. Le bâtonnier des avocats en est le président, et M. Guillot, juge d'instruction en est le secrétaire général. A leurs

sur leur promesse de mieux les surveiller, ils retombent, sans tarder, dans leurs premières fautes, quelquefois sur l'instigation de ceux qui s'étaient engagés à les en empêcher.

D'où viennent ces enfants? Certains ont quitté le domicile paternel à la suite de mauvais traitements ou de manque de surveillance, et les parents, ainsi allégés du fardeau de leur entretien, ne se sont plus préoccupés de leur sort; d'autres sont contraints d'exercer des métiers interlopes (mendicité, prostitution), par des parents avides, toujours prêts à en recevoir les maigres revenus. Quels qu'ils soient, victimes de leurs parents ou objet d'un délaissement moral de la part de ceux qui, selon les lois de la nature, devraient les protéger, ils vivent dans une atmosphère de vice et de criminalité, et deviennent fatalement des êtres malfaisants. C'est parmi ces jeunes

côtés, nous trouvons MM. Jules Simon, Mazeau, premier président, etc. Grâce à l'influence de ce comité, on a renoncé pour les enfants à la procédure des flagrants délits; l'instruction s'accomplit avec beaucoup de soin, la responsabilité des parents est recherchée; et, pendant cette période, les enfants sont envoyés à l'hospice de la rue Denfert et non plus à la petite Roquette. Ce sont là des progrès considérables et qui honorent ces hommes de cœur. Mais le Comité ne s'arrête pas là. M. Guillot voudrait soustraire au tribunal correctionnel ces enfants plus malheureux que coupables. Dans ce but, il propose de ne point appliquer les articles 269 et 270 qui punissent le vagabondage aux mineurs de seize ans. Au lieu d'ordonner leur internement dans des maisons de corrections, le tribunal déclarerait que les jeunes vagabonds — ceux-là seuls n'ayant pas commis d'autre délit — seraient envoyés dans des écoles de préservation, n'ayant aucun caractère pénitentiaire, où ils seraient élevés jusqu'à vingt et un ans. Nous souhaitons vivement que le projet de M. Guillot prenne place dans nos Codes; ce serait un grand bien pour la société. Journal *Le Temps* du 20 janvier 1893. Journal *La Loi* du 4 janvier 1893. — Une Société à peu près du même genre existe, à Toulouse, pour la préservation des enfants condamnés pour vagabondage. Elle est due à l'initiative charitable de M. Vidal, professeur à la Faculté de droit de notre ville.

enfants que se recrutent d'ordinaire les criminels de l'avenir, ces hommes qui vont garnir les bancs des tribunaux correctionnels et des cours d'assises.

Quand les parents méconnaissent leurs devoirs, il appartient à la société de se mettre à leur place. Pourquoi leur conserverait-elle la puissance paternelle ? ils ne s'en servent que pour lui préparer des ennemis ! Elle a bien le droit de se défendre en donnant une bonne éducation à ces enfants, presque voués au crime; ainsi dirigés, ils deviendront le plus souvent d'honnêtes citoyens, utiles à eux-mêmes et à leur pays. Tel a été l'objet de la loi du 24 juillet 1889; elle permet d'enlever aux parents pervertis, l'éducation de leurs enfants, pour la confier à des personnes capables de ne leur enseigner que le bien.

En présence d'une situation dont le danger grandissait tous les jours, on se demande pourquoi on a tant tardé à réagir et à porter remède au mal. La cause en est dans le respect exagéré de la puissance paternelle. On n'osait porter atteinte à cette institution, la plus ancienne des pays civilisés, la base même de notre société. Cependant on a fini par comprendre que « la puissance paternelle établie pour la protection des enfants, en considération des sentiments qui animent la plupart des pères, n'a plus de raison d'être lorsque les pères qui n'ont pas de sentiments paternels en font un moyen d'oppression. » Il a fallu plus d'un demi-siècle pour que cette vérité se fasse jour et qu'une protection sérieuse soit organisée en faveur de l'enfant; le 24 juillet 1889 seulement, plus de quatre-vingts ans après le Code civil, a paru une loi qui, basée sur le caractère protecteur de la puissance paternelle, en déclare les parents déchus, toutes les fois qu'ils s'en servent pour pervertir ou opprimer leurs enfants.

CHAPITRE PREMIER

Des restrictions apportées à la puissance paternelle avant la loi de 1889.

I. Caractère de la puissance paternelle dans l'ancien droit. — II. Son caractère d'après le Code civil. — III. Restrictions apportées a cette puissance par le Code civil. — IV. Restrictions apportées par le Code pénal. — V. Loi du 7 décembre 1874.

La loi du 24 juillet 1889 a été le dernier terme d'une évolution qui a commencé après la promulgation du Code civil. L'expérience de tous les jours venait démontrer que les parents ne sont pas tous guidés par l'affection dans leur conduite envers leurs enfants; qu'ils les sacrifient souvent à leurs passions, à leur paresse, à leur amour du lucre. Il en est résulté pour le législateur l'obligation d'intervenir et, pour garantir l'enfant, de porter atteinte au pouvoir des pères et mères. Mais les lois faites dans ce but n'ont pas remédié aux abus existants, parce que ne visant que des cas spéciaux, d'une exceptionnelle gravité, elles étaient d'une application assez rare. — Avant d'étudier ces hypothèses particulières, constatons d'abord qu'à mesure que nous avancerons dans l'évolution, nous verrons la puissance paternelle subir des atteintes de plus en plus graves, jusqu'à ce qu'elle arrive à une déchéance complète.

I. — Quel était, dans notre ancien droit, le caractère de la puissance paternelle? Elle nous apparait sous des traits différents, suivant que nous l'envisageons dans les pays de droit écrit ou dans les pays de coutume. Dans les premiers, on continue la tradition romaine; la puissance paternelle est un droit absolu qui ne finit que par la mort du père ou l'émancipation de l'enfant. Elle ne s'applique pas seulement à la personne de l'enfant, mais encore à ses biens, dont l'usufruit appartient au père, sa vie durant. Dans les seconds, la puissance paternelle est moins une prérogative, établie dans l'intérêt exclusif du père, qu'un pouvoir protecteur en faveur de l'enfant permettant aux parents : 1° de gouverner sa personne et ses biens jusqu'à ce qu'il soit capable de se conduire et de les gérer lui-même; 2° d'exiger de lui certains devoirs de respect et de reconnaissance (1).

II. — Le Code civil a aussi consacré le pouvoir des parents sur leurs enfants; mais, comme dans bien d'autres cas, il a suivi la tradition des pays de coutume (2). Etabli dans l'intérêt de l'enfant, ce pouvoir dure tant que l'enfant a besoin de protection. Parvenu à l'âge d'homme, l'enfant en est affranchi et acquiert le libre exercice de tous ses droits. Cependant le législateur n'a pas tiré du principe que la puissance paternelle est un pouvoir protecteur, toutes les conséquences qu'il aurait dû en déduire; confiant, sans doute, dans l'affection que la nature met au cœur des parents, il n'a pas envisagé l'hypothèse où les parents feraient un mauvais usage de leurs droits (3), de telle sorte que, sous l'empire du Code civil, aucune limite n'est apportée au pouvoir des parents qui peuvent, avec la

(1) Pothier, *Traité des personnes et des choses*, tit. VI, sect. II.

(2) Glasson. *Eléments de Droit français*. t. I, p. 180 et suiv. — Demolombe, *De la puissance pat.*, p. 291 et suiv.

(3) La question fut soulevée pendant les travaux préparatoires, mais non résolue. Voir Fenêt : *Trav. préparat.*, t. X, p. 485.

certitude de l'impunité, se laisser aller aux plus condamnables violences.

III. — Cependant, dans certains cas, la nécessité a obligé le législateur de 1804 à diminuer les droits des parents. Mais ce ne sont pas là des déchéances ayant un caractère pénal, provoquées par l'indignité du père ou de la mère. Ces atteintes ont été nécessaires pour éviter que l'enfant fût soumis à deux puissances qui auraient eu, sur sa personne et sur ses biens, des pouvoirs à peu près égaux : par exemple, au cas de tutelle officieuse, ou bien encore lorsque la mère refuse la tutelle ou en a été déclarée déchue, pour s'être remariée sans consultation préalalable du conseil de famille (article 395), il est clair que l'autorité du père ou de la mère et celle du tuteur ne pouvaient coexister avec les mêmes droits; l'une a dû céder le pas à l'autre, le père au tuteur. — De même, en cas de divorce, on ne pouvait accorder aux deux époux les mêmes droits sur leurs enfants; il a fallu choisir; la justice a indiqué, de préférence, celui qui n'avait point failli, comme plus apte à donner aux enfants une éducation morale (article 302) (1).

IV. — Le Code pénal fut le premier à établir certains cas de déchéance. Dans le cas d'interdiction légale, les parents sont privés de presque tous leurs droits; ils ne conservent que ceux qui leur sont exclusivement personnels, comme le droit de consentir au mariage.

Dans le cas d'excitation à la débauche, les parents sont déclarés déchus de la puissance paternelle (art. 335, C. p.). On n'était pas d'accord sur l'étendue de cette déchéance. S'appliquait-elle à l'égard de tous les enfants ou seulement à l'égard de la vic-

(1) Cependant le tribunal peut confier la garde des enfants à un tiers ou même à l'époux coupable.

time? Cette dernière solution triomphait en jurisprudence, bien que la logique et le bon sens auraient dû faire choisir la première. Mais les règles d'interprétation du droit pénal ne permettaient pas d'étendre les termes de l'article 335, qui ne parle que de l'enfant débauché. Pour la même raison, on limitait les droits enlevés au père, à ceux énumérés au titre IX du Livre premier.

Les parents peuvent être encore privés de l'exercice de la puissance paternelle par l'application de l'article 66 du Code pénal. Quand un mineur de seize ans, accusé d'un crime ou délit, est reconnu avoir agi sans discernement, le tribunal peut ordonner son internement dans une maison de correction. A sa sortie, il peut également (Voir la loi du 5 août 1850, art. 19) être placé sous le patronage de l'Assistance publique, pendant trois ans au minimum. Durant tout ce temps, la puissance des parents se trouve naturellement suspendue.

Postérieurement au Code pénal, nous trouvons une série de lois que nous diviserons en deux groupes. Dans le premier, nous placerons les lois qui ont imposé certaines obligations à la puissance paternelle pour favoriser le développement physique et intellectuel de l'enfant : telles sont les lois du 22 mars 1841, du 19 mai 1874 et du 2 novembre 1892, sur le travail des enfants dans les manufactures, et la loi du 28 mars 1882 sur l'enseignement primaire obligatoire. Il n'y est point question de déchéance, nous ne nous y arrêterons pas. Dans le second, nous classerons les lois qui ont un caractère pénal et font subir au père une véritable déchéance. Ce sont les lois du 7 décembre 1874 et du 24 juillet 1889.

V. — La loi du 7 décembre 1874 a établi deux cas où les pères et mères peuvent être déclarés déchus de la puissance paternelle. Le premier vise les parents qui livrent leurs enfants, âgés de moins de seize ans, gratuitement ou à prix d'argent, à des acrobates, charlatans, etc... ou qui les placent sous la conduite de vagabonds, de gens sans aveu ou faisant métier de mendier; le deuxième s'applique à ceux qui emploient habituellement à la mendicité leurs enfants mineurs de seize ans. — La déchéance n'est que facultative; le tribunal est souverain appréciateur; à lui de juger si le degré d'immoralité atteint par les parents exige que l'enfant leur soit enlevé. Mais, prononcée par le tribunal, la déchéance est totale; elle comprend tous les droits constitutifs de la puissance paternelle, ceux qui portent sur la personne et ceux qui portent sur les biens : cette déchéance était une innovation dans notre droit. La loi de 1874 ne pouvait que produire de bons résultats; seulement son champ d'application était trop restreint; en outre, dans les cas même qu'elle visait, sa mise en action soulevait une question délicate : on se demandait, en l'absence du père, qui devait exercer la puissance paternelle? La loi était muette sur ce point. Cette lacune a été comblée par la loi du 24 juillet 1889 qui, de plus, a généralisé la loi de 1874, en augmentant les cas d'application de la déchéance qu'elle avait introduite dans la législation.

CHAPITRE II

Travaux préparatoires de la Loi de 1889.

Avant d'entreprendre le commentaire de la loi du 24 juillet 1889, nous devons exposer un aperçu des longs travaux qui ont précédé la promulgation de cette loi, dont l'élaboration n'a pas duré moins de huit ans.

Le 27 janvier 1881, un certain nombre de sénateurs, parmi lesquels MM. Roussel, Schœlcher, Jules Simon, déposaient devant le Sénat une proposition de loi tendant à protéger les enfants maltraités ou abandonnés. Dans ce but, on étendait aux enfants recueillis par l'assistance ou par la charité privée en vue d'une éducation préventive, la garantie contre l'intervention abusive des parents que l'article 66 du Code pénal assure aux jeunes détenus soumis à l'éducation correctionnelle ; les parents pouvaient être privés du droit de garde (1).

Quelques jours auparavant, le 5 décembre 1880, un arrêté ministériel avait nommé une commission extra-parlementaire, pour élaborer un projet de loi sur la déchéance paternelle. La commission aboutit à une proposition qui, élargissant le domaine de l'article 335 du Code pénal, édictait des déchéances obligatoires ou facultatives suivant les cas, plaçait les enfants, dont les parents étaient déchus, sous la tutelle des commissions hospitalières et protégeait ceux que les parents ne pouvaient surveiller, en permettant à ceux-

(1) Exposé des motifs, *J. off.*, *doc. parl.* de février 1881, p. 34.

ci de céder leur puissance à des particuliers ou associations de bienfaisance. Ce projet fut présenté au Sénat par le Gouvernement, le 8 décembre 1881 (1).

Les deux projets furent soumis à l'étude d'une même commission présidée par M. Schœlcher. Ne croyant pas devoir s'en tenir aux limites fixées par les projets, elle étudia toute la législation des enfants assistés, la refondit complètement et proposa, en outre, de soumettre les établissements privés qui reçoivent des enfants, au contrôle de l'État.

Le 25 juillet 1882, M. Th. Roussel déposa au nom de la commission un rapport considérable (2) qui donnait les résultats d'une enquête, demandée au ministre de l'intérieur, sur les orphelinats et autres établissements de bienfaisance consacrés à l'enfance; il contenait, en outre, les études personnelles faites par les membres de la commission sur le mode d'assistance des enfants dans les pays étrangers.

Ce projet fut définitivement voté au Sénat, le 10 juillet 1883.

Le 27 juillet, le Gouvernement le déposait sur le bureau de la Chambre des députés.

La commission nommée choisit pour son rapporteur M. Gerville-Réache. Un premier rapport fut déposé le 26 mai 1884; il reproduisait à peu près le projet voté par le Sénat. Le 29 janvier 1885, un rapport supplémentaire ajoutait au texte primitif des dispositions empruntées à la proposition Couturier, relative à la création d'une caisse de dotation du service des enfants assistés (3). Mais, n'ayant pas été soumis à la Chambre en temps utile, le projet devint caduc à la fin de la législature.

En 1886, la proposition fut reprise par M. Gerville-

(1) Exposé des motifs, *Off. doc. parl*, de 1881, p. 895.
(2) *J.. off. Doc. parl.* de janvier, avril et mai, 1883 p. 581 et suiv.
(3) *Off., Doc parl.* de nov 1884, p. 861.

Réache qui, pour exposé des motifs, lui donna ses rapports de 1881 et de 1885. Avant d'engager la discussion de ce projet, la Chambre attendit la fin d'une enquête destinée à évaluer les charges qui résulteraient de son adoption (1).

Mais le Gouvernement, désireux de voir aboutir la partie du projet qui lui paraissait la plus nécessaire, résolut d'en distraire les titres concernant la déchéance des parents indignes et la protection des enfants à l'égard desquels les parents ne peuvent pas remplir leurs devoirs de surveillance et d'éducation. C'était, au fond, le projet déposé par MM. Roussel et Jules Simon en 1881. Soumis à l'examen du Conseil d'Etat et du Conseil d'assistance publique, il fut l'objet de rapports remarquables faits par MM. Courcelle-Senouil, conseiller d'Etat, et Brueyre qui, en 1880, avait organisé le service des enfants moralement abandonnés, dans le département de la Seine (2).

Sur les observations de ces deux Assemblées, le projet fut modifié par le Gouvernement et présenté à la Chambre des députés. Il y fut voté le 25 mai 1889, presque sans discussion, après un rapport favorable de M. Gerville-Réache (3).

Au Sénat, M. Théophile Roussel, rapporteur, demanda l'urgence et un vote favorable sans modifications. Le 13 juillet 1889, le projet était voté sans discussion, et le 24, la loi était promulguée.

Ayant terminé l'historique des travaux auxquels a donné lieu la loi sur la protection des enfants maltraités ou moralement abandonnés, nous allons en étudier les diverses dispositions.

Cette loi comprend deux titres :

(1) *Off., documents parl.* de février, mars 1887, p. 499 et 517.

(2) Voir ces rapports dans les fascicules du *Conseil supérieur de l'assistance publiq.*, nos 17 et 18.

(3) *Off. Doc. parl.* d'avril 1889, p. 1 et p. 706 et suiv.

Le premier a trait aux cas de déchéance des parents, à l'organisation de la tutelle des enfants et à la restitution de la puissance paternelle à ces mêmes parents.

Le deuxième règlemente d'abord la situation juridique des enfants confiés par les pères et mères à des particuliers ou à des établissements charitables, puis celle de ceux qui ont été recueillis sans l'intervention de leurs parents.

L'étude de cette loi comprendra six chapitres :

1° Cas de déchéance et caractères de la déchéance;

2° Procédure de l'action en déchéance;

3° Organisation de la tutelle;

4° Restitution de la puissance paternelle;

5° Protection des mineurs placés avec ou sans l'intervention des parents;

6° Interprétation de la loi de 1889 par les tribunaux.

CHAPITRE III

TITRE PREMIER

Cas de déchéance et nature de la déchéance.

I. Cas de déchéance obligatoire. — II. Cas de déchéance facultative. — III. Caractères de la déchéance.

Les articles 1 et 2 énumèrent les cas, où les parents sont déchus de la puissance paternelle, mais entre ces deux séries de cas, il y a une différence capitale. Tandis que dans l'art. 2 la déchéance est facultative, dans l'art. 1er au contraire, elle est obligatoire. Cet article premier est le développement de l'art. 335 du Code pénal. Les condamnations que les parents doivent subir pour qu'il s'applique, dénotent un tel degré de perversité et de dépravation morale, qu'il était inutile de laisser au tribunal un pouvoir d'appréciation. L'intérêt des enfants commandait impérieusement qu'ils fussent soustraits à une influence aussi malsaine.

I. — L'art. 1er prévoit quatre causes de déchéance obligatoire. Les père et mère et ascendants sont déchus :

1° *S'ils sont condamnés par application du paragraphe 2 de l'article 334 du Code pénal ;*

Cet article prévoit le délit d'excitation de mineurs à la débauche. L'art. 335 § 2, déclarait déjà que les parents coupables de ce délit seraient déchus de la puissance paternelle ; par l'application de la loi du 24 juillet, cet article devient lettre morte. Seulement la déchéance qui, d'après le Code pénal, n'était que partielle et qui ne s'appliquait qu'à l'égard de la victime, est aujourd'hui totale et produit son effet vis-à-vis de tous les enfants.

2° *S'ils sont condamnés soit comme auteurs, coauteurs ou complices d'un crime commis sur la personne d'un ou plusieurs enfants, soit comme coauteurs ou complices d'un crime commis par un ou plusieurs de leurs enfants ;*

Dans la première hypothèse les parents font preuve de détestables sentiments à l'égard de leurs enfants ; dans la seconde, ils deviennent leur guide dans le chemin de la criminalité.

3° *S'ils sont condamnés deux fois comme auteurs, coauteurs ou complices, d'un délit commis sur la personne d'un ou plusieurs de leurs enfants ;*

La faute étant moins grave que dans le cas précédent, la loi exige la récidive.

4° *S'ils sont condamnés deux fois pour excitation habituelle de mineurs à la débauche ;*

Le Code pénal n'édictait la déchéance que lorsque les parents avaient débauché leurs propres enfants, la loi nouvelle la prononce même quand ils ont prostitué les enfants des autres. Ce système est plus large et plus pratique.

Dans tous ces cas, la loi établit une déchéance obligatoire ; l'art. 1er dit que les parents sont déchus de plein droit ; aussi le tribunal négligerait-il de la prononcer qu'elle n'en existerait pas moins et que le ministère public devrait faire statuer sur la tutelle par la juridiction compétente (art. 9-1°) ; semblable à l'interdiction légale, elle résulte nécessairement de la condamnation.

Si, par suite de l'application de l'art. 463, la peine prononcée consiste en une simple amende, la déchéance devra-t-elle être prononcée ? Nous croyons qu'il faut répondre affirmativement. L'article 1er ne distingue pas ; puis, le législateur ne s'est pas occupé de la peine, il s'est uniquement attaché à la nature de l'incrimination. Il suffit que le crime soit établi et entraine une condamnation pour que les parents soient déchus.

L'article 1er doit être interprété restrictivement ; les cas de déchéance obligatoire sont limités à l'énumération de la loi. Toutes les hypothèses qui ne rentrent pas dans les termes de l'art. 1er ne peuvent donner lieu qu'à une déchéance facultative et rentrent dès lors dans l'art. 2.

II. — L'art. 2, dit : « Peuvent être déclarés déchus des mêmes droits :

1° *Les père et mère condamnés aux travaux forcés à perpétuité ou à temps, ou à la réclusion comme auteurs, coauteurs ou complices d'un crime autre que ceux prévus par les articles 86 à 101 du Code pénal :*

Dans les articles 86 à 101 il s'agit de crimes politiques contre la sûreté intérieure de l'Etat ; ceux-là n'empêchent pas d'être un bon père ou une bonne mère ; ils ne pouvaient entrainer la déchéance.

2° *Les père et mère condamnés deux fois pour un des faits suivants : séquestration, suppression, exposition ou abandon d'enfants ou pour vagabondage ;*

Les faits énumérés dans ce paragraphe 2, présentent une particularité curieuse : ils sont qualifiés crimes ou délits suivant qu'ils ont été produits dans telles ou telles conditions ; il en est ainsi pour la séquestration suivant qu'elle dépasse ou ne dépasse pas la durée d'un mois (art. 342 P) ; l'exposition d'enfant est punie comme crime quand elle a entrainé la mutilation ou la mort de l'enfant (art. 35 P) ; la même distinction est faite pour la suppression qui revêt un caractère plus ou moins grave, si l'enfant a vécu ou n'a pas vécu (art. 345 P).

Faut-il tenir compte de la qualification donnée aux faits contenus dans le paragraphe 2 et déclarer les enfants déchus de plein droit, s'il y a crime ? Ou bien, faut-il la négliger et conclure que dans les deux cas, il n'y aura lieu qu'à une déchéance facultative ? La question s'est posée devant la cour d'assises de la Drôme. S'appuyant sur la généralité des termes de l'art. 2-2°, qui ne fait pas de distinction et classe parmi les causes de déchéance facultative non pas les délits d'abandon, de suppression, etc., d'enfant, mais les faits de cette nature, sans se préoccuper de leur qualification, la Cour décida que dans tous les cas la déchéance n'était pas obligatoire ; en conséquence, elle conserva la puissance paternelle à une mère reconnue coupable d'avoir supprimé un enfant né vivant et condamnée à cinq ans de réclusion.

Cette décision fut soumise à la Cour de cassation qui l'annula dans l'intérêt de la loi, par un arrêt du 8 mars 1890. (S. 1891, 1, 281).

L'article 2-2° sans doute, est général dans ses termes, mais si on rapproche ce texte de l'art. 1er-2°, qui déclare déchus de plein droit les parents condamnés comme auteurs... d'un crime sur la personne de leurs enfants ; on voit que l'art. 1er-2° doit s'appliquer quand les faits de suppression, d'abandon, etc., sont qualifiés crimes. L'article 2-2° ne peut viser les attentats contre les enfants, que lorsqu'ils revêtent les caractères de simples délits (1).

3° *Les père et mère condamnés par application de l'art. 2, § 2 de la loi du 23 janvier 1873 ou des articles 1, 2 et 3 de la loi du 7 décembre 1874 ;*

Ce paragraphe rappelle dans un but d'unité des dispositions législatives qui prononçaient déjà la déchéance des parents.

4° *Les père et mère condamnés une première fois pour excitation de mineurs à la débauche ;*

(1) Rapport de M. Gerville-Réache. *J. off.*, Annexes de la Chambre des députés, juillet 1888 n° 1081.

La récidive entraine la déchéance obligatoire (ar. 1er, 4°).

5° *Les père et mère dont les enfants ont été conduits dans une maison de correction par application de l'art. 66, du Code pénal;*

Le paragraphe 5 offre cette différence avec les dispositions précédentes, que les parents peuvent être déclarés déchus, en dehors de toute condamnation. Il a été ajouté au projet primitif par le Conseil d'Etat, pour empêcher que l'enfant, enfermé dans une maison de correction, ne retombe sous l'autorité paternelle, à l'expiration de sa détention.

Les faits délictueux, commis par le mineur de seize ans, sont toujours la conséquence des mauvais principes qu'il a reçus ou du défaut de surveillance de la part des parents; l'innovation, due au Conseil d'Etat, permettra de « régulariser sa position » et de le soustraire à l'influence de ses père et mère, jusqu'à sa majorité.

6° *En dehors de toute condamnation, les père et mère qui, par leur ivrognerie habituelle, leur inconduite notoire et scandaleuse ou par de mauvais traitements, compromettent, soit la santé, soit la sécurité, soit la moralité de leurs enfants.*

D'après ce paragraphe, le juge a un pouvoir d'appréciation dont il devra toujours se servir dans l'intérêt de l'enfant : c'est la seule considération qui doive le guider et lui faire prononcer sans hésitation la déchéance. Cependant ce pouvoir a paru exorbitant au législateur, et, pour mieux préciser les cas qui donnaient lieu pour les parents à la perte de leurs droits, il a ajouté à l'expression « inconduite notoire » qui se trouvait seule dans le projet, l'expression « scandaleuse ». Cette addition était inutile : l'article 444 du Code civil parle d'inconduite notoire comme cause d'exclusion et de destitution de la tutelle, et le sens de ces expressions n'a jamais fait de difficultés pour les tribunaux ; l'inconduite devra donc être notoire et de plus constituer un réel danger pour la moralité des enfants.

Que faut-il entendre par « mauvais traitements ? »

Est-ce là un synonime du mot sévices, qui signifie voies de fait, brutalités, et qui a été employé, avec ce sens, par la loi, au titre du divorce ?

Oui. Nous croyons que cette expression doit être interprétée dans un sens restreint, et ne doit pas s'étendre à tous les actes du père ou de la mère qui « compromettent soit la santé, soit la sécurité des enfants (1). »

Dans les cas prévus par l'art. 2-6°, les membres de la famille devront rechercher les preuves de l'indignité des parents et prendre l'initiative de l'action en déchéance.

Le ministère public n'agira que très rarement, « parce qu'il n'appartient pas au magistrat d'ouvrir des investigations sur la vie privée de ses concitoyens ni d'exercer sur eux une sorte de censure morale (2). »

III. — Quels sont les caractères de la déchéance édictée par la loi du 24 juillet 1889 ? Cette déchéance est à la fois *totale*, *générale* et *perpétuelle*.

Elle est *totale*, c'est-à-dire qu'elle atteint tous les droits constitutifs de la puissance paternelle. Le projet soumis au Conseil d'Etat et au Conseil supérieur de l'Assistance établissait dans les cas prévus par l'article 2, une déchéance partielle. Ce partage de l'autorité paternelle parut au Conseil d'Etat ne devoir produire que de mauvais résultats : en effet, « pour que la tutelle puisse faire son œuvre, il faut que ni le tuteur ni l'enfant ne soient contra-

(1) *Contra, de Loynes*, Note dans Dalloz, 1891. 2. 73.
(2) Circ. du ministre de la justice 21 septembre 1889.

riés à chaque instant ou exposés à être contrariés par l'intervention du père indigne : il faut que l'enfant commence une nouvelle vie pour être régénéré, et il convient que les conditions de cette vie soient stables. » Sur ces considérations fort justes, la déchéance fut étendue à tous les cas. Elle atteint non seulement les droits sur la personne, mais même ceux relatifs aux biens ; il nous paraît qu'elle frappe également les droits successoraux reconnus aux ascendants par l'art. 746 et 747 et aux père et mère par l'art. 748, bien que ces articles ne soient pas mentionnés à l'art. 1er ; l'énumération faite par la loi est simplement énonciative : les termes de l'art. 1er ne laissent aucun doute (1).

A cette règle, la loi a cependant apporté une exception : l'obligation alimentaire continue d'exister entre le père et l'enfant ; le législateur, mû par un sentiment de commisération, n'a pas voulu qu'un fils pût invoquer la faute de son père pour lui refuser des aliments et le condamner ainsi à souffrir la faim.

Naturellement, l'enfant ne perd aucun des droits que la loi lui reconnait vis-à-vis de ses parents.

La déchéance est en second lieu *générale*, c'est-à-dire que le père est déchu à l'égard de tous ses enfants. La logique dictait cette solution : l'indignité est indivisible. Etablie à l'égard d'un enfant, elle doit l'être à l'égard de tous. Les tribunaux ne se montrent pas toujours respectueux de cette règle. Nous ne pouvons approuver un jugement du Tribunal de la Seine qui limita la déchéance prononcée contre une mère, à son enfant naturel, objet de mauvais traitements, et lui conserva la puissance sur son enfant légitime (2). Une telle décision est en opposition flagrante avec l'article 1er. La loi dit, en

(1) Rapport de M. Gerville-Réache, p. 1.
(2) Rapp. Peyron pour l'année 1892, page 3.

effet, que les parents « sont déchus à l'égard de *tous* leurs enfants et descendants », sans distinguer entre les enfants légitimes et naturels ; il suffit qu'un lien de filiation soit juridiquement établi pour que la déchéance puisse être appliquée. Si le père déchu contracte un nouveau mariage, la nouvelle femme peut, en cas de survenance d'enfants, demander au tribunal l'attribution de la puissance paternelle sur ses enfants.

Enfin, la déchéance est *perpétuelle* : elle survit à l'expiration de la peine principale qui l'a causée et dure tant que la justice n'en relève point celui qui en a été frappé. Elle ne peut être rendue aux parents, soit par mesure gracieuse, soit par la réhabilitation, parce qu'elle n'est pas une peine. « Le dessaisissement de la puissance paternelle n'est pas une mesure de répression, mais une nécessité juridique. C'est l'intérêt seul du mineur qui l'exige, et les mesures édictées par la loi ont assurément un caractère plutôt civil que pénal (1). » Seule, une décision judiciaire pourra restituer aux parents la puissance paternelle.

(1) Circ. du garde des sceaux du 21 sept. 1889. Rapp. Peyron p. 19.

CHAPITRE IV

Procédure de l'action en déchéance.

I. TRIBUNAL COMPÉTENT *a)* POUR PRONONCER LA DÉCHÉANCE, *b)* POUR ORGANISER LA TUTELLE. — QUI PEUT INTENTER L'ACTION EN DÉCHÉANCE? — MÉMOIRE INTRODUCTIF. — IV. INSTRUCTION. — V. JUGEMENT — VI. VOIES DE RECOURS. — VII. PROCÉDURE DEVANT LE TRIBUNAL REPRESSIF.

I. — La déchéance que nous venons d'étudier est prononcée par les tribunaux. Quels tribunaux seront compétents et quelle sera la procédure à suivre? La compétence doit être examinée : 1° au point de vue du prononcé de la déchéance; 2° au point de vue de l'organisation de la tutelle.

a) 1° *Au point de vue du prononcé de la déchéance.* Dans certains cas, les tribunaux civils et criminels sont à la fois compétents; dans d'autres, les tribunaux civils seuls le sont.

S'il s'agit d'un cas prévu par l'art. 1er, la déchéance n'a pas même besoin d'être prononcée; elle résulte *de plano* de la condamnation, on n'a qu'à faire statuer sur la tutelle (art. 9-1°).

Si la condamnation prononcée peut entrainer la déchéance, le tribunal repressif peut, à son gré, déclarer les parents déchus ou garder le silence. Ce dernier parti sera le plus sage, toutes les fois qu'il ne se croira pas suffisamment éclairé. Cette faculté ne lui appartient que tant qu'il est saisi de l'affaire, tant que la condamnation n'est pas prononcée; si donc le jugement est muet sur la déchéance, le tribunal répressif est devenu incompétent; ceux qui voudront la faire prononcer devront se pourvoir devant le tribunal civil.

Les paragraphes 5 et 6 de l'art. 2 contiennent deux cas où le tribunal civil a seul qualité pour statuer sur l'action en déchéance. L'incompétence du tribunal répressif s'explique par cette considération que, dans ces hypothèses, les parents sont privés de leurs droits sans subir de condamnation ; il faut donc appliquer le droit commun, c'est-à-dire aller devant le tribunal civil, qui est la juridiction ordinaire pour prononcer la déchéance. Il en sera de même pour régler toutes les questions qui se présenteront postérieurement à l'organisation de la tutelle; seul, le tribunal civil devra en connaitre.

b) 2° Au point de vue de l'organisation de la tutelle.

D'un côté, l'art. 9-1° dispose que « dans le cas de déchéance *de plein droit*, encourue par le père, le ministère public ou les parents désignés à l'art. 3 saisissent sans délai la juridiction compétente qui décide si, dans l'intérêt de l'enfant, la mère exercera les droits de la puissance paternelle, tels qu'ils sont définis par le Code civil. Dans ce cas, il est procédé comme à l'article 4 ». L'article 4 parle de la procédure devant le Tribunal civil ; il semble que ce tribunal sera seul compétent, dans ces cas, pour organiser la tutelle.

D'un autre côté, l'art. 9-3° s'occupe de l'organisation de la tutelle dans les cas de déchéance facultative, et il donne compétence au tribunal qui a prononcé la condamnation.

Jusqu'ici, nous n'avons pas trouvé de difficulté. Mais elle nait quand on compare le paragraphe 2 de l'art. 9 avec les paragraphes 1 et 3. Ce paragraphe 2 apporte une dérogation au § 1er, et cette dérogation est aussi étendue que la règle, ce qui établit une contradiction entre ces deux textes ; puis il répète ce qui est dit au paragraphe 3. Comment expliquer cette contradiction ? Il nous suffira d'examiner les travaux préparatoires de cet art. 9. Le projet primitif ne contenait pas le paragraphe 2. D'après ce projet, seul le tribunal civil, en cas de déchéance *de plano*, devait être compétent pour organiser la tutelle ; de telle sorte que dans tout procès il y aurait eu deux instances, l'une au criminel, l'autre au civil. Pour éviter les longueurs et les frais qui en résulteraient, la commission de la Chambre des députés voulut donner au tribunal repressif qualité pour statuer sur la tutelle ; dans ce but, elle ajouta le paragraphe 2, mais elle oublia de le mettre en harmonie avec les paragraphes 1 et 3 (1). — Ces tribunaux répressifs peuvent donc organiser la tutelle, mais ce n'est pour eux qu'une pure faculté ; si, n'étant pas suffisamment renseignés ils négligent de statuer sur ce point, le tribunal civil sera seul compétent.

L'art. 3 dit que l'action en déchéance doit être intentée devant le tribunal du domicile ou de la résidence du père ou de la mère. Cette règle s'appliquera dans tous les cas où le Tribunal civil doit statuer. Mais, s'il y a eu crime ou délit, le tribunal répressif compétent pour prononcer la peine, le sera aussi pour la déchéance.

II. — *Par qui l'action en déchéance sera-t-elle intentée?* L'art. 3 répond à cette question : l'action en déchéance est intentée *par un ou plusieurs parents du mineur au degré de cousin germain ou à un degré plus rapproché ou par le ministère public*. Cette énumération est limitative. La femme pourra donc demander la déchéance de son mari ; mais devra-t-elle se faire autoriser ? La dispenser d'autorisation serait apporter une dérogation au droit commun

(1) *Off.* du 26 décembre 1888, *débat. parl.*, p. 1125.

(art. 215 du Code civil); on ne le peut sans un texte, et la loi est muette sur ce point. Il faut donc en conclure que la femme devra requérir l'autorisation de son mari et, à son refus, celle de la justice.

Le ministère public a aussi qualité pour intenter l'action en déchéance; mais il n'y est point obligé, quand la condamnation n'entraine qu'une déchéance facultative. Le projet primitif portait que, dans ces cas « la juridiction compétente est saisie par le renvoi, *qui est de droit* à la requête du ministère public. » Le conseil d'État pensa que c'était provoquer « une « multitude de procès dont un certain nombre ne « seraient pas justifiés et susciteraient des complica- « tions fâcheuses. Combien de fois ne trouverait-on « pas dans le condamné un père de famille de valeur « moyenne et quelquefois meilleur que la moyenne ?... « Il faudrait plaider cependant et pourquoi! Il a « paru plus sage de laisser le ministère public abso- « lument libre d'intenter l'action en déchéance ou de « ne pas l'intenter ». Le législateur a consacré cette solution. Afin d'être en mesure d'intenter l'action, le ministère public doit profiter de l'instruction pour recueillir, par avance, toutes les fois que la question de déchéance pourra éventuellement se poser « des renseignements sur la situation de famille de l'inculpé, sur le nombre, le sexe, l'âge de ses enfants et les conditions dans lesquelles ils sont élevés. »

III. — L'action est introduite par un mémoire, présenté au président du tribunal, énonçant les faits et accompagné de pièces justificatives. Aussitôt, le procureur de la République fait procéder à une enquête sommaire sur la situation de la famille et sur la moralité des parents. Lorsque le ministère public intentera l'action en déchéance, l'enquête sommaire aura précédé l'instruction de la demande; elle la suivra quand un parent agira.

Le mémoire déposé doit être notifié au père et à la mère qui sont mis en demeure de présenter au tribunal les observations et oppositions qu'ils jugeront convenables.

IV. — Un juge est commis par le président pour examiner l'affaire et faire un rapport.

Dans l'art. 893 C. Pr., auquel renvoie le législateur, nous voyons que le défendeur à l'interdiction n'est mis en dememeure de présenter ses observations qu'après la convocation du conseil de famille. Peut-il en être de même en matière de déchéance? Nous ne le croyons pas; le père doit être averti de suite de la demande déposée contre lui : la loi veut que la communication du mémoire soit faite le plus tôt possible, pour qu'il soit en mesure de se défendre : faite après un jugement qui ordonne une mesure d'instruction, elle est faite trop tard (1). Le père doit avoir reçu notification avant que le juge commis dépose son rapport; il doit pouvoir exercer son droit de défense au début du procès, tant que le tribunal n'a pas statué sur le rejet ou l'admission de la demande.

Quand il s'agit d'une demande en interdiction, la communication des pièces au ministère public est ordonnée par la loi (art. 891, Pr.). Ici point de disposition semblable; faut-il en conclure que la communication ne peut avoir lieu? Ce serait une erreur. Nous devons appliquer le droit commun; or, l'art. 83 du Code de Procédure ordonne la communication au ministère public des causes concernant l'état des personnes et de celles intéressant les mineurs; le ministère public devra donc prendre part au procès, quand c'est un parent qui agit.

Au jour fixé, le juge dépose son rapport, les parties et le procureur de la république leurs conclusions.

(1) Angers, 18 mars 1891 ; Sirey, 1891, 2, 148.

Les débats ont lieu en Chambre du conseil. Alors se pose pour le tribunal cette question : la demande doit-elle être rejetée ou doit-elle être admise ? Si le tribunal la rejette, tout est fini. Si le tribunal admet la demande, alors il est procédé dans les formes prescrites par les articles 892 et 893 du Code de Procédure.

L'article 892 prescrit la convocation d'un conseil de famille, mais elle n'est pas obligatoire pour le tribunal (art. 4-4°) ; il sera toujours prudent de le réunir ; l'avis des parents est très-utile en pareille matière ; ils ont pu être témoins des faits reprochés au père et sont à même de donner des renseignements précis sur sa conduite a l'égard des enfants. Pour la composition et réunion du Conseil de famille, on appliquera les règles du Code civil, chapitre II section IV, au titre de la minorité de la tutelle, etc... ; il sera formé par les parents du mineur que l'on veut protéger et non par les parents de celui dont on poursuit la déchéance. Il doit être consulté sur les mesures à prendre dans l'intérêt des enfants et sur le sort qui doit être fait au père ; en un mot, le conseil donne son avis sur toutes les questions relatives à la déchéance : cet avis est signifié au défendeur. (art. 893 Pr.)

Puis on procède à l'interrogatoire du défendeur. L'art. 893 est impératif, d'où il faut conclure que cette mesure d'instruction est obligatoire, et que le tribunal ne peut la supprimer. Si le défendeur refuse de répondre ou fait défaut, on constate son refus ou son absence et on passe outre.

Le tribunal ne se croyant pas suffisamment éclairé par les pièces produites et les mesures d'instruction précédentes, peut ordonner une enquête, qui a lieu en la forme ordinaire.

On doit encore requérir l'avis du juge de paix du canton où réside le défendeur. C'est là une mesure d'instruction obligatoire et sans laquelle le tribunal ne peut rendre son jugement. art. 4, § 5.

V. — La procédure terminée, la Chambre du conseil procède à l'examen de l'affaire et la sentence est prononcée après que le ministère public a été entendu dans ses conclusions. Le jugement doit être prononcé en audience publique. L'art. 4-6° semble n'exiger cette condition de publicité que pour le jugement définitif, mais nous croyons qu'elle doit être étendue à tous les jugements qui précèdent par exemple à celui ordonnant une enquête ; la publicité est la règle générale pour tous les jugements ; il faudrait un texte pour y déroger (1).

Pendant l'instance en déchéance, la chambre du conseil peut ordonner, relativement à la garde et à l'éducation des enfants, telles mesures provisoires qu'elle jugera utiles. Les jugements sur cet objet sont exécutoires par provision (Art. 5).

VI. — Le jugement qui déclare le père ou la mère déchus de la puissance paternelle, peut être attaqué par les voies de recours du droit commun ; seulement les règles ordinaires ont été modifiées sur certains points.

Le délai pour faire opposition à un jugement par défaut est de huit jours, à partir de la notification à personne, et d'un an à partir de la notification à domicile ; si, sur opposition, est rendu un nouveau jugement par défaut, l'appel seul sera possible (Art. 6).

L'appel doit être interjeté dans le délai de dix jours, à partir du jugement, s'il est contradictoire, et à partir du jour où l'opposition n'est plus recevable, s'il est par défaut. La courte durée de ce délai s'explique par le désir de ne point laisser longtemps en suspens la situation des enfants. L'appel appartient aux parties intéressées et au ministère public. Bien que le calcul du délai soit emprunté au Code d'Ins-

(1) Angers, 18 mars 1891 ; S., 1891, 2, 148 ; *contra*, M. Planiol, note dans Dalloz ; P., 1892, 2, 57, sous l'arrêt d'Angers.

truction criminelle (art. 203), l'appel doit être fait comme en matière civile, il doit être notifié à la partie (1).

Quid du pourvoi en Cassation, et de la requête civile ? Ces voies de recours sont parfaitement possibles. Mais quelles règles doit-on suivre pour le pourvoi, celles de la procédure civile ou de la procédure criminelle ? Il faut appliquer ce principe, que la juridiction supérieure n'est pas désignée, en matière d'appel, par la nature des faits qui ont été jugés mais par celle du tribunal qui a statué sur ces faits (2). Suivant que la déchéance aura été prononcée par un tribunal civil ou par un tribunal répressif, la chambre des requêtes ou la chambre criminelle devra être saisie du pourvoi.

VII. — Telle est la procédure organisée par la loi de 1889 : mais nous devons observer que ces règles applicables lorsque la déchéance est poursuivie devant le tribunal civil, ne le seront plus si le tribunal répressif est appelé à juger. Dans ce cas, seul le ministère public a qualité pour demander au tribunal la déchéance ; les parents ne pourraient intervenir que comme partie civile ; et, à ce titre, on ne peut demander que des dommages-intérêts. On ne saurait de même suivre la procédure contenue à l'art. 4 : rapport d'un juge, convocation d'un conseil de famille, etc... ; c'est le ministère public qui est chargé de fournir au tribunal toutes les preuves nécessaires lui permettant de statuer sur la déchéance. Le jugement qui prononcera la condamnation, devra ordonner la déchéance.

Les parents déchus, n'ont plus aucun droit, aucune autorité sur leurs enfants ; ils sont pour eux des étrangers et ceux-ci sont pour ainsi dire orphelins ; il y a donc lieu de prendre les mesures relatives à la protection des mineurs.

(1) C. d'Angers, *loc cit.*
(2) Cass., 18 avril 1885 ; S., 86, 1, 217.

CHAPITRE V

De l'organisation de la Tutelle.

I. Tutelle ordinaire. — II. Tutelle officieuse. — III. Tutelle de l'assistance publique. — IV. Disposition spéciale.

Avant d'étudier les dispositions de la loi qui règlementent la tutelle, nous devons nous occuper d'un cas où il n'y aura pas lieu de constituer une tutelle; il en sera ainsi quand la mère existe et lorsque le tribunal l'a reconnue apte à exercer la puissance paternelle. Alors elle tient la place du père, jouit de tous les avantages de son autorité et est soumise à toutes ses obligations.

Mais la question de tutelle se pose, si la mère est prédécédée, ou déclarée déchue ou si l'exercice de la puissance paternelle ne lui est pas attribué. Elle peut être résolue de trois manières différentes :

1° On constitue la tutelle conformément au droit commun;

2° Ou on organise une tutelle officieuse;

3° Ou l'enfant est placé sous la tutelle de l'assistance publique.

I. — Si la tutelle est organisée conformément au droit commun, on appliquera les dispositions du Code civil. Cependant la loi a porté deux dérogations aux règles ordinaires :

1° L'acceptation de la tutelle est facultative pour celui qui est désigné. Cette innovation a été insérée dans le projet par le Conseil d'Etat; le rapporteur,

M. Courcelle-Seneuil, en donne l'explication suivante : « Le Conseil a considéré qu'un jugement de déchéance « étant déterminé par une appréciation humaine, n'a- « vait pas le caractère fatal de la mort et que l'attri- « bution de la tutelle à telle ou telle personne, pour- « rait donner lieu à des abus. Il a donc déclaré qu'en « ce cas le tuteur nommé n'exercera la tutelle qu'au- « tant qu'il en aura accepté la charge. »

2° Le pupille n'aura pas d'hypothèque légale sur les biens de son tuteur. Cette importante dérogation a eu pour but de faciliter l'établissement de la tutelle individuelle. L'hypothèque des mineurs constitue, en effet, une lourde charge, de nature à arrêter les personnes charitables disposées à accepter la protection de ces malheureux enfants. La loi nouvelle a eu raison de supprimer cet obstacle. Dans la plupart des cas, cette hypothèque eut été inutile : ces enfants appartiennent presque tous à des familles indigentes ; ils sont le plus souvent sans fortune. Toutefois, le législateur, ne voulant pas les laisser sans protection, permet au tribunal d'ordonner qu'une hypothèque spéciale ou générale sera prise sur les immeubles du tuteur, au cas où le pupille possède ou est appelé à recueillir quelques biens. Le jugement doit fixer la somme garantie.

Quelle est la nature de cette hypothèque ? Est-elle légale, judiciaire ou conventionnelle ? Nous croyons qu'il y a là une hypothèque légale. Le tribunal juge seulement de l'opportunité ou de l'inopportunité de l'hypothèque ; s'il décide qu'elle doit être prise, elle existe indépendamment de toute inscription. A notre avis, la loi n'a voulu déroger qu'à l'article 2121 qui, dans tous les cas, donne aux mineurs une hypothèque sur les biens du tuteur ; les autres règles relatives à cette garantie devront s'appliquer ; l'hypothèque consentie au mineur sera donc dispensée d'inscription tant que dure la tutelle, mais elle devra être inscrite dans l'année de la majorité ou de la cessation de la tutelle.

II. — Ces dérogations ont eu pour but de faciliter l'établissement de la tutelle individuelle. La même raison a fait supprimer les conditions d'âge exigées par l'article 361 C. c. pour la tutelle officieuse. Toute personne peut obtenir que l'enfant lui soit confié; pendant l'instance, on adresse, à cet effet, une requête au tribunal en déclarant que l'on se soumet aux obligations prévues par le paragraphe 2 de l'article 364 du Code civil, c'est-à-dire aux obligations de nourrir le mineur, de l'élever et de le mettre en état de gagner sa vie. Si la demande est agréée, le tuteur officieux a l'administration des biens et celle de la personne du pupille; il devra en rendre compte (article 13, 1°, 2°, 3°).

La loi n'impose pas d'autres obligations au tuteur; elle ne renvoie pas aux autres dispositions du Code civil sur cette matière; il faut en conclure qu'elles ne s'appliquent pas : en conséquence l'enfant ne pourra pas faire des réquisitions à fin d'adoption, ni demander des indemnités (art. 369); l'existence d'enfants n'est pas un obstacle à l'organisation de cette tutelle. Si elle s'éteint par la mort du tuteur officieux, avant la majorité du pupille, le tribunal est appelé à statuer de nouveau, conformément aux articles 11 et 12 de la loi.

III. — Il arrivera souvent qu'on n'ait pas pu organiser une tutelle ordinaire et que personne n'ait demandé la tutelle officieuse; la tutelle est alors déférée à l'Assistance publique, conformément aux lois du 15 pluviôse an XIII, pour les départements, et du 10 janvier 1849, pour l'Assistance publique de Paris. Toutefois la loi de 1889 apporte une dérogation importante à la loi de pluviôse.

L'article 24 dit que les représentants de l'Assistance publique, pour la présente loi, sont les inspecteurs départementaux des enfants assistés : ce sont eux qui exerceront la tutelle, et non point les commissions hospitalières. Hormis ce point, les enfants moralement abandonnés, placés sous la protection de l'Assistance publique sont complètement assimilés aux enfants assistés ; à Paris leur situation est identique puisqu'ils ont même tuteur. L'assimilation est rationnelle, « les mineurs, dont les parents sont déchus de la puissance paternelle, auxquels il est impossible de nommer un tuteur, sont en droit et en fait à l'état d'abandon. »

Les enfants seront placés à la campagne, chez des nourriciers, ou en apprentissage suivant leur âge (1) ;

(1) L'Assistance publique de la Seine possède des écoles professionnelles où elle envoie une partie de ses pupilles, enfants assistés et enfants abandonnés. Ces écoles sont au nombre de quatre :

1° L'*Ecole de Villepreux* où les enfants reçoivent un enseignement pratique et théorique de tout ce qui concerne l'agriculture.

Au 31 décembre 1892, il y avait 50 élèves, dont 16 enfants moralement abandonnés et 34 enfants assistés ;

2° L'*Ecole d'Alembert*, à Montévrain, pour l'ébénisterie et la typographie.

Au 31 décembre 1891, le nombre des élèves présents à l'école d'Alembert était de. .... 102 } 139
Pendant l'année il en est entré.................... 37 }
Dans le cours de l'année, il en est sorti 34

Au 31 décembre 1892 il en restait.................. 105
dont 3 enfants assistés et 102 moralement abandonnés.

Ils étaient ainsi répartis d'après leur apprentissage :

Ébénisterie.	Ébénistes..........	63	68	105
	Mouluriers........	2		
	Tourneurs.........	3		
Typographie...	Typographes......	35	37	
	Imprimeurs	2		

3° L'*Ecole d'Alençon* qui comprend un atelier de typographie et un atelier de cordonnerie.

Les 34 élèves présents à la fin de l'année 1892 étaient ainsi répar-

l'administration doit s'efforcer de leur créer une famille; la loi a voulu lui faciliter cette tâche, en donnant à ceux qui, par affection pour leur pupille, veulent se l'attacher, la faculté de demander au tribunal, après trois ans, la tutelle officieuse; ils l'obtiendront dans les conditions établies par la loi de 1889 (art. 13).

Au point de vue pécuniaire, le service des enfants moralement abandonnés, est à la charge des départements : l'article 11 dit que les dépenses sont réglées conformément à la loi du 5 mai 1869. Néanmoins, la déchéance ne faisant pas cesser l'obligation alimentaire, le tribunal, en se prononçant sur la tutelle, fixe le montant de la pension qui devra être payée par les père et mère et ascendants auxquels des aliments peuvent être réclamés (art. 12). L'indigence des parents peut faire décider qu'il ne sera pas dû de pension; cette dernière solution sera le plus souvent appliquée; les frais d'entretien seront alors à la charge de l'Assistance publique.

IV. — L'art. 14 règle l'attribution de certains droits qui, étant exclusivement attachés à la per-

tis : 25, dont 4 enfants assistés, dans l'atelier de typographie, et 9, dont un enfant assisté, dans l'atelier de cordonnerie;

4° *L'École professionnelle et ménagère d'Yzeure* est destinée aux filles ; non seulement elles y reçoivent une instruction primaire assez développée, mais encore on leur fait apprendre un métier, celui de lingère ou de confectionneuse et on les initie à tous les détails de l'économie domestique : les élèves passent toutes à tour de rôle à la cuisine, à la buanderie, aux ateliers de repassage et de nettoyage, à l'infirmerie.

Au 31 décembre 1891, le nombre des élèves présentes était de....................................	107	170
Pendant l'année 1892 il en est entré..................	63	
Le nombre des sorties a été de........................		45
Élèves restant au 31 décembre 1892................		125

(Rapport Peyron pour l'année 1892, p. 20 et s.).

sonne des parents, seront rarement exercés par le tuteur ou l'assistance publique. Cet article est ainsi conçu : « En cas de déchéance de la puissance paternelle, les droits du père et, à défaut du père, les droits de la mère, quant au consentement au mariage, à l'adoption, à la tutelle officieuse et à l'émancipation, sont exercés par les mêmes personnes que si le père et la mère étaient décédés, sauf les cas où il en aura été décidé autrement en vertu de la présente loi. » Pour que cette disposition s'applique, il faut que le tribunal n'ait point attribué ces droits à d'autres personnes. Si donc le père seul est déchu, la mère en jouira à sa place, et cela quand même on ne lui aurait point donné l'exercice de la puissance paternelle; si elle est déchue ou décédée, ces droits passent aux aïeuls ou aïeules. Mais le tribunal a un pouvoir discrétionnaire pour décider si ces attributs de puissance paternelle doivent rester aux parents ou être donnés au tuteur et conseil de famille; l'intérêt du mineur doit seul lui dicter sa décision.

CHAPITRE VI

De la Restitution de la puissance paternelle.

I. CONDITIONS DE LA RESTITUTION. — II. PROCÉDURE. — III. JUGEMENT.

A tout pécheur miséricorde ; on ne pouvait sans tomber dans une sévérité excessive, rendre la déchéance irrévocable. Un père, si mauvais soit-il, a toujours dans son cœur un sentiment d'affection pour ses enfants ; sous le coup de la déchéance, l'amour paternel privé de son objet, peut se réveiller avec plus de force et amener le coupable au repentir. L'humanité voulait qu'on permit à ce père de recouvrer son autorité.

Mais cette restitution était pleine de dangers et devait être entourée de garanties sérieuses : on ne pouvait oublier que ce père avait une première fois fait un mauvais usage de sa puissance, qu'il avait déjà failli et qu'une seconde faute coûte moins que la première. En outre, l'intérêt de l'enfant veut que son éducation soit stable, « exempte autant que possible, de changements de tutelle et de direction ». Il fallait aussi tenir compte de l'affection et des soins dont le tuteur entoure son pupille et que la résurrection de la puissance paternelle supprimerait, peut-être, au grand détriment de l'un et de l'autre. Tous ces intérêts divers ont été fort heureusement conciliés par la loi.

I. — Le père éprouvera d'autant plus de difficultés

à recouvrer sa puissance paternelle que la cause de la déchéance aura été plus grave.

1° Déchu à la suite d'une condamnation, par application de l'art. 1er et de l'art. 2, §§ 1, 2, 3 et 4, il ne pourra demander la restitution de son autorité sur ses enfants, qu'après avoir obtenu, au préalable, sa réhabilitation. La réhabilitation est un acte du pouvoir judiciaire qui efface pour l'avenir la condamnation et fait cesser les incapacités qui en résultaient. Quand il s'agit de déchéance, la réhabilitation seule ne peut la supprimer ; elle met dans le cas de pouvoir en demander la cessation (art. 15-1°).

2° Déchu sans avoir encouru de condamnation, par application de l'article 2, §§ 5 et 6, le père peut être réintégré dans ses droits, mais seulement trois ans après le jour où le jugement qui a prononcé la déchéance, est devenu définitif.

II. — Quelle est la procédure de cette action en restitution ? Elle est la même que celle de l'action en déchéance. Le demandeur présente une requête au tribunal ; le tribunal compétent sera toujours le tribunal civil ; mais est-ce devant le tribunal du domicile du père ou bien du tuteur, qu'il faudra porter l'action ? Nous croyons que la demande devra être adressée au tribunal du domicile du père. Celui-ci, en effet, est mieux placé pour juger s'il est devenu digne de recouvrer la puissance paternelle ; il sera toujours bien renseigné, à ce sujet, par le Procureur de la République qui, pour sa réhabilitation, a dû faire une enquête sur sa conduite (art. 622, I. C.). L'instruction de la demande en restitution est faite conformément aux dispositions des paragraphes 2 et suivants de l'art. 4 ; un juge est commis pour faire le rapport ; seulement l'avis du conseil de famille dont on peut se passer pour la déchéance, doit être requis quand il s'agit de restitution (art. 16). La demande doit être notifiée au tuteur qui est admis à présenter, dans l'intérêt de l'enfant ou en son nom personnel, toutes les observations et oppositions qu'il juge convenables.

III. — Le tribunal peut faire droit à la demande ou la repousser.

Dans le premier cas, le tribunal, en prononçant sur la restitution de la puissance paternelle, fixe, suivant les circonstances, l'indemnité due au tuteur (1) ou bien il déclare, qu'à raison de l'indigence des parents, il ne sera alloué aucune indemnité (art. 16-3°).

Dans le second cas, la demande rejetée ne pourra plus être réintroduite, si ce n'est par la mère, après la dissolution du mariage. L'explication de cette disposition rigoureuse est ainsi donnée par M. Courcelle-Seneuil : « Comme l'état des mineurs en tutelle ne peut demeurer en suspens, sous la menace d'un procès, la demande en restitution une fois repoussée, ne pourra plus être reproduite. Celui qui a introduit témérairement une première demande serait presque toujours disposé à la renouveler souvent, si on ne l'arrêtait au nom du vieil adage : Il est d'intérêt public que les procès aient une fin. »

Au point de vue des voies de recours, ces jugements sont soumis aux mêmes règles que le jugement qui prononce la déchéance (art. 16-2°).

(1) Elle sera due surtout au cas de tutelle officieuse, car le tuteur aura pourvu à l'entretien de l'enfant et tous les frais devront lui être remboursés. Si l'enfant a été soumis à la tutelle ordinaire ou a celle de l'assistance publique. l'indemnité ne sera presque jamais accordée : en effet, ou le père, lors de la déchéance a été condamné à payer une pension alimentaire. et alors il fournit pour les besoins de son enfant ; ou bien, par indigence, il a été dispensé de payer la pension, les mêmes raisons le feront dispenser de l'indemnité.

CHAPITRE VII

TITRE SECOND

De la protection des mineurs placés avec ou sans l'intervention des parents.

I. But du Titre II. — II. Il y a eu accord entre l'association charitable et les parents. — III. L'enfant est recueilli sans le consentement des parents. — IV. Procédure de l'action en dessaisissement. — V. Effets du jugement. — VI. Établissements pouvant recueillir des enfants. — VII. Restitution aux parents de la puissance paternelle. — VIII. Assimilation, au point de vue des dépenses, des enfants abandonnés aux enfants assistés.

L'objet du Titre II, que nous allons étudier, est tout différent de celui du Titre premier, bien que son but soit le même : la protection de l'enfance. Dans cette seconde partie, le législateur a soumis à des règles précises une pratique qui existait à Paris et qui donnait lieu à certains abus.

I. — Emus du grand nombre d'enfants qui, abandonnés par leurs parents, vagabondaient sans moyens d'existence, des associations charitables essayèrent de secourir ces malheureux, en les enlevant aux dangers de la rue. On les recueillait dans des établissements de bienfaisance, on leur donnait une éducation morale et on les mettait à même de subvenir à leurs besoins. Les parents n'y mettaient aucune opposition; l'enfant était jeune, il constituait une charge dont, très heureusement, on les débarrassait; quelquefois un contrat avec clause pénale intervenait ; le père confiait son enfant aux soins de l'association charitable, jusqu'à une époque déterminée, d'habitude jusqu'à sa majorité. Mais l'enfant a grandi, il a appris un métier qui lui permet de gagner sa vie et peut-être davantage. Le père venait alors, malgré ses engagements, réclamer son enfant considéré comme une source de profits ; il invoquait son droit de puissance paternelle qu'il n'avait pu aliéner. On lui opposait ses engagements, mais, le plus souvent, il était insolvable. En tous cas, la personne de l'enfant ne pouvait être l'objet d'un droit de rétention. Il ne fallait pas songer à plaider ; le Code civil donnait toujours raison à ce père méprisable guidé par le seul désir d'exploiter son enfant.

Tel était le mal, auquel la loi de 1889 vint apporter remède. Aujourd'hui, les personnes charitables qui protègent l'enfance abandonnée, peuvent empêcher « ces retraits funestes qui les découragent, leur font perdre le fruit de leurs efforts, leur enlèvent ces enfants une fois les sacrifices faits d'éducation et d'apprentissage et les replongent dans le milieu corrompu d'où ils avaient été arrachés. »

La loi distingue deux cas différents :

II. — Le premier est visé par l'article 17 : « Lorsque des administrations d'assistance publique, des associations de bienfaisance régulièrement autorisées à cet effet, des particuliers jouissant de leurs droits civils, ont accepté la charge de mineurs de 16 ans, que des pères, mères ou des tuteurs autorisés par le conseil de famille leur ont confiés, le tribunal du domicile de ces pères, mères ou tuteurs peut, à la requête des parties intéressées, agissant conjointement, décider qu'il y a lieu, dans l'intérêt de l'enfant, de déléguer à l'Assistance publique les droits de puissance paternelle abandonnés par les parents, et de remettre l'exercice de ces droits à l'établissement ou particulier gardien de l'enfant. »

La loi suppose qu'entre les parents et un établissement ou un particulier charitable est intervenu un accord de volonté, par lequel les premiers veulent se dessaisir de leur puissance paternelle au profit du second.

Le projet primitif, voté par le Sénat, reconnaissait la validité de ces contrats, qui devaient seulement être homologués par le juge de paix. Le Conseil d'Etat se montra hostile à cette innovation, qui lui parut dangereuse et de nature à affaiblir l'esprit de famille dans une partie de la population; aussi le projet du Conseil d'Etat ne contient-il aucune des dispositions relatives au placement des enfants, par les parents, dans des établissements de bienfaisance. Sous l'influence de ses préventions défavorables, les contrats de dessaisissement furent abandonnés et le conseil supérieur d'Assistance publique, d'accord avec le directeur des affaires civiles et le directeur de l'Assistance publique en France, leur substitua le système contenu dans l'article 17-1°.

Dans le régime actuel, on ne peut pas dire qu'il n'y a pas de contrat, mais ce n'est pas la convention qui opère le dessaisissement, c'est le jugement qui intervient. Le seul accord des parties n'a aucun effet, il faut une décision judiciaire; de telle sorte qu'il y a là un contrat solennel dans lequel *forma dat esse rei*.

III. — Le second cas est contenu dans l'art. 19, qui suppose « des administrations d'assistance publique, des associations de bienfaisance régulièrement autorisées à cet effet, des particuliers jouissant de leurs droits civils ayant reçu des enfants mineurs de seize ans, sans intervention des père et mère ou tuteur. La loi veut alors que les parents soient avertis par voie administrative et pour cela, elle ordonne que celui qui a recueilli un enfant le déclare, dans les trois jours, au maire de la commune sur le territoire de laquelle l'enfant a été recueilli, et, à Paris, au commissaire de police, à peine d'une amende de 5 à 15 francs; dans le délai de quinzaine, les maires doivent transmettre ces déclarations au préfet et les commissaires au préfet de police; enfin, dans un nouveau délai de quinzaine, elles doivent être notifiées aux parents de l'enfant. Il est tout naturel qu'ils soient avertis de la mesure d'assistance dont l'enfant a été l'objet et du danger qui en résulte pour leur puissance paternelle.

IV. — Quelle est la procédure de l'action en dessaisissement ? Elle est des plus simples.

S'agit-il de valider un contrat conformément à l'article 17, les parties présentent, à cet effet, une requête au tribunal du domicile des père et mère (1). La requête est visée pour timbre et enregistrée gratis. La chambre du Conseil examine l'affaire en présence des parties en cause et du représentant de l'Assistance publique; le ministère public doit poser ses conclusions et le jugement est rendu en audience publique.

S'agit-il d'obtenir la puissance paternelle sur un enfant recueilli sans l'intervention des parents, le demandeur présente une requête au président du tribunal de son domicile. Cette demande ne peut être valablement faite que trois mois après la déclaration au maire de la commune ou au commissaire de police. Le tribunal procède à son examen en chambre du conseil. La loi n'exige pas que les parents soient appelés en cause; il faut en conclure que leur consentement exprès n'est pas nécessaire. D'ailleurs, il résulte suffisamment du silence qu'ils ont gardé pendant les deux mois qui séparent la notification de la déclaration qui leur est faite et l'introduction de la demande; ce délai a été établi par la loi pour leur permettre de reprendre l'enfant; ils ne l'ont pas réclamé, ils l'ont

(1) Le ministère des avoués est obligatoire.

donc abandonné avec tous les droits qu'ils avaient sur lui.

Le ministère public entendu, le jugement doit être rendu en audience publique : la loi ne le dit pas, mais c'est l'application du droit commun.

V. — Quels sont les effets de ce jugement?

Le jugement dessaisit les parents de tous leurs droits ou d'une partie seulement. Le projet portait que les parents ne pouvaient céder à un tiers que les droits de garde, d'éducation, de correction, de gestion de pécule et de consentement à l'engagement militaire. Cette limitation a disparu ; le tribunal jouit d'un pouvoir discrétionnaire : l'intérêt de l'enfant le guidera dans sa décision.

L'article 17-2° résout une difficulté qui, en pratique, aurait pu se présenter souvent. Il suppose que des parents, qui ont conservé le droit de consentir au mariage de leur enfant, refusent de donner ce consentement ou ne veulent l'accorder qu'à des conditions onéreuses. Dans ce cas, l'assistance publique peut les faire citer devant le tribunal, qui apprécie les causes de leur résistance et donne ou refuse le consentement en chambre du conseil.

Les parents peuvent-ils céder à un tiers la puissance paternelle sur leur enfant majeur de seize ans? La question s'est présentée devant le tribunal de la Seine. Dans un jugement du 9 juillet 1890, il l'a résolue par la négative. Il s'agissait, dans l'espèce, d'un enfant qui avait moins de seize ans quand il avait été recueilli et qui avait plus de seize ans au moment où l'administration de l'assistance publique, d'accord avec les parents, demandait à être investie de la puissance paternelle. Nous croyons la décision du tribunal peu conforme à l'esprit de la loi et au but pratique qu'elle doit atteindre. L'âge de seize ans a été fixé comme maximum, parce qu'il importe que l'éducation nouvelle que va recevoir l'enfant, ait une certaine durée, pour être efficace, et qu'elle soit commencée à une époque où les mauvaises habitudes, qu'elle a pour but de combattre, ne sont pas encore invétérées et irrémédiables. Si donc le mineur a été soumis à ce nouveau régime avant l'âge de seize ans, qu'importe que la demande soit faite après qu'il a dépassé cet âge Cette demande très légitime nous parait devoir être accueillie.

A qui est dévolue la puissance paternelle dont les parents sont dessaisis ? Le système des contrats de dessaisissement en investissait le tiers qui avait traité avec le père. Dans le régime actuel, c'est toujours à l'assistance publique, représentant l'Etat, que les parents cèdent leurs droits ; c'est elle qui en devient titulaire, le particulier ou l'établissement charitable n'a que l'exercice de ces droits. La distinction est importante ; l'assistance ayant, en droit, la puissance paternelle sur ces enfants, est investie, à leur égard et à l'égard de leurs gardiens, d'un droit de contrôle et de haute surveillance. Elle pourra demander, dans l'intérêt de l'enfant, que l'association charitable ou le particulier soit dessaisi. C'est elle qui agira pour contraindre les parents à donner leur consentement au mariage de l'enfant.

Le préfet est également chargé de veiller à ce que ceux qui obtiennent la garde des enfants, remplissent bien leurs devoirs ; il peut, comme l'assistance publique, provoquer leur destitution. La procédure est la même que celle pratiquée pour le dessaisissement des parents.

VI. — Le législateur n'a pas cru que ces mesures de protection soient suffisantes, et, pour plus de garanties, il a établi que les institutions ou associations qui veulent recueillir les enfants, doivent obtenir une autorisation spéciale. Cette mesure nous parait inutile et absolument condamnable. En effet, la puissance est déléguée par le tribunal, qui peut, dans l'intérêt de l'enfant, exiger des garanties aussi sérieuses et aussi nombreuses qu'il voudra. Si ces conditions sont remplies par un établissement non autorisé, pourquoi ne lui accorderait-on pas le droit de recueillir et d'élever ces enfants? La justice a déjà pris de sages précautions pour qu'il accomplisse ses devoirs en conscience. En outre, l'autorisation exigée n'a pas sa raison d'être, parce que l'Etat est armé d'un droit de contrôle, qui peut aller jusqu'à la destitution de celui qui a obtenu la garde de l'enfant. Quand il s'agit d'une œuvre aussi importante et aussi humaine que celle de la protection de l'enfance, on ne saurait entraver la charité et refuser pour des raisons mesquines le concours de tous les dévouements : on n'est jamais trop nombreux pour faire le bien.

VII. — C'est un jugement qui a dessaisi les parents de leur puissance paternelle, un jugement peut seul la leur rendre. La demande doit en être faite au tribunal de la résidence de l'enfant. La requête est visée pour timbre et enregistrée gratis.

Celui a qui l'enfant a été confié est appelé ainsi que le représentant de l'Assistance publique; l'affaire est examinée en Chambre du Conseil; le ministère public entendu, le jugement est rendu en audience publique. Le tribunal peut, dans sa décision, repousser simplement la demande et maintenir au particulier les droits, qui lui avaient été primitivement conférés en vertu des articles 17 ou 19; ou bien il peut, sur la réquisition du ministère public, déclarer les parents déchus de la puissance paternelle, si leur indignité lui paraît suffisamment prouvée; ou bien il peut faire droit à la demande et ordonner la remise de l'enfant à ses parents. Il fixe alors l'indemnité due à celui qui en a eu la charge, ou bien il déclare, qu'à raison de l'indigence des parents, il ne sera alloué aucune indemnité.

La demande rejetée ne peut être renouvelée que

trois ans après le jour où la décision du rejet est devenue irrévocable (art. 21). La loi est moins sévère que pour ceux frappés de déchéance, en vertu des articles 1 et 2 : on sait que ceux dont la demande en restitution a été rejetée, ne peuvent plus recouvrer la puissance paternelle. Une pareille solution eût été injuste; car, dans les cas visés par les articles 17 et 19, l'indignité des parents n'est pas suffisamment établie pour justifier une mesure aussi sévère : il suffit qu'on les condamne au silence, pour une période de trois ans.

VIII. — Nous voici arrivés à une des dispositions les plus importantes de la loi, à celle qui a pour but d'en favoriser l'exécution. L'article 25 dit : « Dans les départements où le Conseil général se sera engagé à assimiler, pour la dépense, les enfants faisant l'objet des deux titres de la présente loi aux enfants assistés, la subvention de l'Etat sera portée au cinquième des dépenses tant extérieures qu'intérieures des deux services et le contingent des communes constituera pour celles-ci une dépense obligatoire conformément à l'article 136 de la loi du 5 avril 1884. » La loi de 1889 établissait une charge nouvelle pour les départements, en augmentant le nombre déjà si grand des enfants assistés; on pouvait craindre des récriminations; aussi a-t-on élevé la part contributoire de l'Etat dans le cas ou le service des enfants moralement abandonnés serait assimilé à celui des enfants assistés; cette part, qui était égale au 1/5 des dépenses intérieures, est portée au cinquième des dépenses extérieures et intérieures.

L'assimilation augmentera la contribution des communes fixée au cinquième des dépenses extérieures par la loi de 1869; elle n'en restera pas moins obligatoire conformément à l'article 136 de la loi du 5 avril 1884.

Mais qu'arrivera-t-il si le Conseil général ne vote

pas l'assimilation ? La loi restera-t-elle sans application ? Non. Il en résultera d'abord que la contribution de l'Etat sera fixée conformément à la loi du 5 avril 1869. Ensuite, les départements n'en seront pas moins obligés de recevoir dans leurs hospices tous les enfants dont les parents ont été déclarés déchus et auxquels on n'a pu nommer un tuteur ; ils restent à leur charge indépendamment de toute assimilation ; la situation de ces enfants est, en effet, régie par l'article 11, qui renvoie pour les dépenses, à la loi de 1869 et qui s'applique seulement aux enfants visés par le titre premier. Quant au titre II, il sera lettre morte ; l'administration ne pourra se charger des enfants, d'accord avec les parents, ni les recueillir sans leur intervention.

Les départements ont tout intérêt à voter l'assimilation. Ils l'ont si bien compris, qu'ils n'ont pas hésité à assimiler les deux services. De telle sorte que l'augmentation des dépenses provenant de l'application de la loi, est en partie compensée par l'augmentation de la contribution de l'Etat ; en outre, les départements peuvent, sans grever leur budget, prendre à leur charge les enfants abandonnés visés par le titre II et rendre ainsi de grands services à la Société.

CHAPITRE VIII

Jurisprudence suivie en matière de puissance paternelle depuis la loi du 24 juillet 1889.

I. JURISPRUDENCE ANTÉRIEURE A LA LOI DU 24 JUILLET 1889. — II. JURISPRUDENCE POSTÉRIEURE A CETTE LOI. — III. CRITIQUE DE CETTE JURISPRUDENCE.

Pour terminer cette étude de la loi du 24 juillet 1889, il nous reste à étudier une question très délicate et très importante, qui a soulevé une vive controverse et divisé les jurisconsultes. Le problème à résoudre s'énonce ainsi : Quelle a été l'influence de la loi de 1889 sur la jurisprudence antérieurement suivie ?

I. — Nous avons vu plus haut que le législateur du Code civil avait négligé d'envisager l'hypothèse où les parents feraient un mauvais usage de l'autorité qu'on leur reconnaissait sur la personne de leurs enfants. La jurisprudence avait comblé cette lacune. Encouragés par les auteurs (1), les tribunaux s'étaient reconnus un droit de contrôle sur l'exercice de la puissance paternelle.

On invoquait comme arguments : 1° le caractère de la puissance paternelle qui doit être faite de tendresse et de protection. Etablie dans l'intérêt des enfants, on ne saurait s'en servir contre eux ; 2° le droit reconnu aux Parlements, par notre ancien droit coutumier, de surveiller les parents dans l'exercice de

(1) Demolombe, *Cours de droit civil*, t. IV, pp. 300 et suiv. ; Aubry et Rau, *Code civil*, t. VI, p. 550, § 2, note 22.

leur autorité (1); 3° l'intention manifestée par le législateur dans la séance du 22 frimaire an X (2).

Un autre argument était tiré de l'art. 444, qui permet de destituer de la tutelle les personnes d'une inconduite notoire; l'article ne distinguant pas, le père ou la mère, en sa qualité de tuteur légal, pouvait se voir appliquer cette disposition. Demolombe était d'avis que l'article 444 devait être étendu au père durant le mariage; la raison l'exigeait : ne serait-il pas excessif qu'un père conservât la garde de ses enfants dans des circonstances où un tuteur étranger ne conserverait pas la garde de son pupille. Ce droit de contrôle s'est surtout exercé dans les hypothèses où le père, à la suite de brouilles de famille, interdit toute relation entre ses enfants et leurs grands parents. Les tribunaux n'hésitaient pas à annuler de pareilles défenses comme contraires à l'intérêt des enfants et aux convenances morales (3).

Dans d'autres circonstances, la jurisprudence avait enlevé la garde et la surveillance à un père et une mère destitués de la tutelle pour inconduite notoire (4).

Mais ce droit de contrôle consistait à priver le père d'un ou plusieurs des attributs constitutifs de la puis-

(1) Merlin, *Répertoire*, v° *Education*, t. IV, p. 1.

(2) Dans cette séance, on discutait le titre de la puissance paternelle; le premier consul posa la question suivante : si un père donne à son fils une mauvaise éducation, l'aïeul pourra-t-il lui en donner une meilleure? Tronchet répondit que le fils n'appartenait qu'à son père. Maleville dit que, chez les Romains, le magistrat pouvait (*causâ cognitâ*), ôter l'enfant au père et forcer même ce dernier à l'émanciper. Regnier répondit que, même en France, on ôtait le fils au père. Le premier consul se plaignit que le projet laissât indécises d'autres questions aussi importantes qu'il énuméra. Tronchet dit qu'on ne devait pas s'occuper des détails mais du plan général : la question ne fut pas résolue; *Fenêt, tr. préparatoires*, t. X, p. 485.

(3) Cass., 8 juillet 1857, J. D. P., 1857, p. 907.

(4) Cass., 15 mars 1864; D. P., 1864, 1, 301; 3 mars 1856 D. P, 1856, 1, 290; 27 janvier 1879; J. D. P., 1879, p. 1208.

sance paternelle; on ne l'avait jamais étendue jusqu'à lui enlever la totalité de ses droits; on évitait de créer une déchéance qui n'était écrite nulle part, et la Cour de Cassation insistait pour le maintien de la puissance paternelle, dont les parents ne pouvaient être dépouillés (1).

Cette jurisprudence était approuvée par la majorité des auteurs, elle se justifiait du reste par des considérations pratiques de la plus haute importance, comme, par exemple, la nécessité de protéger les enfants contre les mauvais exemples ou les mauvais traitements.

II..— Depuis la loi de 1889, ce droit de contrôle et de surveillance doit-il toujours être exercé par les tribunaux, ou bien n'ont-ils d'autre droit que de prononcer la déchéance de la puissance paternelle d'une manière absolue, sans pouvoir la restreindre ou la modifier?

La jurisprudence est divisée; cependant, l'opinion qui semble prévaloir est que les tribunaux ne peuvent plus fractionner la déchéance et qu'ils ne peuvent que prononcer une déchéance totale (2).

III. — Cette solution fort critiquable nous parait devoir être rejetée.

Cette opinion repose sur l'idée que la loi de 1889 a opéré une révolution complète, « qu'elle a eu pour effet de rendre inutiles et partant de faire disparaitre toutes les distinctions que les tribunaux avaient plus ou moins arbitrairement créées », qu'elle a voulu préciser avec un soin minutieux la mission du juge.

Nous ne voyons pas que tel ait été le but de la loi de 1889. Selon nous, on a voulu étendre le droit de contrôle des tribunaux; on a voulu leur permettre de

(1) Cass., 3 mars 1856; D., 1856, 1, 290.

(2) C. de Poitiers, 21 juillet 1890; Trib. de Saint-Quentin, 27 décembre 1889; Tr. de Toulouse, 3 juillet 1890; S., 1891. 2. p. 17.

prononcer une déchéance complète, ce qu'ils ne faisaient jamais auparavant ; seulement, on a eu le soin de limiter les cas dans lesquels elle pourrait être prononcée ; on a ainsi complété la liste des cas de déchéance totale commencée dans le Code pénal et la loi de 1874 (1).

Quant à l'idée que le législateur a voulu substituer une règle au pouvoir arbitraire des tribunaux et mettre un terme à leurs décisions incertaines et diverses, elle ne nous paraît point justifiée. La jurisprudence antérieure à la loi de 1889 n'a pu être condamnée, parce qu'il n'en a jamais été question pendant les travaux préparatoires; rien ne prouve qu'on ait voulu la remplacer par un ordre de choses nouveau. Au contraire, les principes sur lesquels elle était basée existent aujourd'hui avec autant de force que précédemment : l'autorité des parents ne doit toujours s'exercer que dans l'intérêt des enfants; les articles 302 et 444 restent toujours applicables; le tribunal peut ordonner les mesures qui lui paraissent nécessaires en matière de divorce et de séparation de corps ; le père peut être destitué de la tutelle pour inconduite notoire. Pourquoi donc refuser aux tribunaux ce droit de contrôle qui neutralise le mauvais usage que les parents peuvent faire de leur autorité ?

Si la solution contraire était vraie, la loi de 1889, au lieu de marquer un progrès, constituerait un recul ; loin d'améliorer le sort de ces malheureuses et jeunes victimes, elle aurait empiré leur condition, déjà si triste. En effet, prononcer la déchéance totale est une mesure fort grave et qui suppose de la part du père des actes absolument contraires à la morale (2). Or il se présentera une foule de cas où, sans

(1) Rapport de M. Gerville-Réache, du 12 janvier 1889.

(2) On le voit facilement par le caractère des crimes et délits énumérés dans la loi de 1889.

qu'il y ait réellement abus, l'enfant cependant doit être protégé : si le juge est placé entre ces deux alternatives, maintien ou déchéance de la puissance paternelle, s'il ne peut prendre un moyen terme, cet enfant, qui, avant la loi de 1889, aurait été arraché aux mauvais traitements qu'il endure, est laissé sans défense entre les mains de ceux qui le martyrisent. Telle est la conséquence qui découle du système que nous combattons et qui a été admise par un jugement du tribunal de Toulouse (1). On ne peut croire que tel ait été le but du législateur.

En faveur de ce système on invoque, en outre, les travaux préparatoires qui prouvent que la déchéance paternelle a été rejetée. Le projet soumis à l'examen du Conseil d'Etat consacrait la déchéance partielle.

Le Conseil d'Etat la remplaça par la déchéance totale, M. Courcelle-Seneuil dit «que le Conseil d'Etat n'a pas compris qu'on pût être père à demi ou au tiers ou au quart.» Il y aurait eu conflit entre la puissance du père et l'autorité du tuteur; c'est ce danger que l'on a voulu éviter.

Premièrement, ce raisonnement repose sur une confusion entre la qualité de père et la puissance paternelle; qu'est-ce que la puissance paternelle ? c'est l'ensemble des droits reconnus au père par la loi sur la personne et les biens de ses enfants ; or, nul ne niera qu'un ensemble ne puisse être décomposé, que le droit de garde par exemple ne puisse appartenir à un ascendant et l'usufruit légal au père ; ce qui est réellement indivisible, c'est la qualité de père, qu'aucune puissance ne saurait atteindre.

En second lieu, cet argument ne porte pas, parce que nous ne nions pas que, dans les cas prévus par la loi, les tribunaux ne soient pas obligés de prononcer une déchéance totale; ce que nous soutenons,

(1) Trib. de Toul., 3 juillet 1890 ; Sirey, 1891, 2, 19.

c'est que, dans les cas qui ne rentrent pas dans les articles 1 et 2, les tribunaux ont un pouvoir d'appréciation d'après lequel ils peuvent enlever aux parents un ou plusieurs de leurs droits. Qu'on ne nous dise pas que nous allons établir une déchéance, sans que la loi le permette, parce que dans ce cas, il n'y a pas déchéance, on n'enlève au père que l'exercice de ses droits. Cette distinction entre la jouissance et l'exercice des droits de puissance paternelle peut paraître un peu subtile, mais elle a été faite par le législateur lui-même dans les articles 17 et 20 de la loi de 1889.

Comme le dit M. Didier, la loi n'a pas eu la prétention de prévoir tous les abus possibles de la puissance paternelle; elle a voulu atteindre seulement les plus graves, ceux qui dénotent chez le père ou la mère un tel caractère d'indignité qu'il faille nécessairement les flétrir de déchéance. Par « mauvais traitements » la loi à visé les faits de brutalité. Cette expression a un sens bien défini et limité. On ne saurait y faire entrer tous les abus de la puissance paternelle; les travaux préparatoires prouvent la vérité de cette interprétation. Le Conseil d'état avait proposé de remplacer les mots « mauvais traitements » par l'expression beaucoup plus large « abus graves de la puissance paternelle » qui permettaient de prononcer la déchéance, dans tous les cas non prévus où l'intérêt des enfants exigerait l'application de cette mesure. Cette proposition fut repoussée. Nous pouvons donc conclure que l'art. 2-6° n'a pas une portée générale.

Mais faut-il conclure de là que dans tous ces cas, que le législateur a exclus du domaine de la loi, les parents seront impunis et que les enfants seront laissés sans protection ? Nous ne le croyons pas. Le droit d'appréciation des tribunaux s'exercera sur tous ces faits, non assez graves pour entraîner la déchéance, mais assez sérieux pour être réprimés; rien ne prouve que les degrés entre la perte de la puissance paternelle et l'impunité aient été supprimés par le législateur de 1889. Au contraire, nous avons montré que, dans l'intérêt de l'enfant, ce droit de contrôle doit être maintenu aux tribunaux; sinon, la loi de 1889, destinée à protéger les enfants, les priverait au contraire de la protection dont ils étaient entourés avant cette loi. Cette seule conséquence doit faire condamner et rejeter le système contraire (1).

(1) En notre sens, V. Didier. *Etude sur la loi de 1889*, *J.*, *le Droit*, du 31 décembre 1890 et du 1er janvier 1891. Note de Naquet dans Sirey, 1891. 2. 25. Note de Bourcart dans Sirey, 1891. 2. 17. Charmont, *Revue critique*, octobre 1891. Testoud, *Revue critique*, 1891, p. 16 et suiv. V. Trib. de la Seine, 6 et 11 août 1890, 2 jug. *Journal le Droit*, des 20-21 août et 29 octobre 1890. — En sens contraire. De Loynes, note dans Dalloz, 1891, 2, 73 ; Trib. de Toulouse, 3 juillet 1890 ; S., 1891, 2, 17.

CINQUIÈME PARTIE

Assistance de l'enfance dans quelques pays etrangers.

ANGLETERRE.

Depuis un *act* célèbre rendu par Elisabeth en 1602, l'assistance des indigents incombe aux paroisses. Les enfants trouvés sont assimilés aux indigents ordinaires. On pratique deux modes d'assistance : l'*assistance au dehors* et l'*assistance au dedans*.

L'assistance au dehors est accordée aux enfants pauvres que la famille conserve ; c'est l'assistance à domicile. L'assistance au dedans consiste à entretenir dans des établissements particuliers, des enfants séparés de leur famille. Ce mode de secours est accordé à trois catégories d'enfants : 1° Ceux dont les parents sont entrés au workhouse (1). Ils n'y res-

(1) On appelle ainsi « des maisons de travail forcé où l'on place les indigents valides et où l'on reçoit aussi les vieillards et les infirmes: Pour ceux-ci, le workhouse est un hospice, pour ceux-là, un pénitencier. Le travail imposé est purement mécanique, celui du moulin à bras ou du moulin à pied. La nourriture est inférieure en quantité et en qualité à celle des travailleurs libres. Aussi, le workhouse est-il généralement un épouvantail pour la paresse ». Dezobry et Bachelet, *Dictionnaire des Lettres et des Beaux-Arts*, v° *Workhouse*.

tent que jusqu'à la sortie de leurs parents ; 2° les orphelins pauvres auxquels sont assimilés les enfants de veuves ou de femmes abandonnées par leurs maris ; 3° les enfants abandonnés, c'est-à-dire ceux dont les parents sont inconnus. Avant de les recevoir, on s'efforce de découvrir la mère. Si elle est mariée, on l'oblige à reprendre l'enfant ; si non, elle doit faire connaître le complice de sa faute que l'on force à pensionner l'enfant. L'admission est faite jusqu'à l'âge de douze ans. Envoyés en nourrice à la campagne, ils sont ramenés à l'hospice dès qu'ils ont atteint cinq ans ; on s'occupe avec beaucoup de soin de leur éducation et à 14 ou 15 ans on les place en apprentissage (1).

Longtemps avant la France, l'Angleterre s'était occupée des enfants moralement abandonnés. Les lois du 10 août 1866 ont organisé un système spécial d'écoles pour combattre les conséquences de la mauvaise éducation reçue par les tout jeunes enfants. Mais douze années avant, un acte législatif avait créé les écoles de réforme pour les jeunes détenus. Ces *reformatory schools*, d'un caractère privé, doivent être autorisées par l'Etat, qui leur fournit une subvention ; en outre, elles sont soumises à l'inspection d'un agent du gouvernement. Elles reçoivent les mineurs de 16 ans coupables d'un délit ; les enfants sont condamnés à y rester deux ans au moins et quatre ans au plus. Au bout de dix-huit mois de détention, l'enfant peut être confié à une personne honorable qui veut bien se charger de son éducation ; et plus tard, au cas de bonne conduite, placé en apprentissage chez un industriel ou un commerçant. Ces écoles ne recevaient que les enfants passibles d'une peine ; elles ne s'ouvraient pas aux enfants délaissés ou simplement vagabonds. Pour ces derniers, les lois du 10 août 1866 ont créé les écoles industrielles.

(1) Semichon, *loc. cit.*

Ces écoles ont un caractère mixte ; ce sont des établissements d'assistance chargés de recueillir, sur l'ordre du magistrat, les enfants errants sans famille ou abandonnés par elle ; ce sont aussi des maisons de correction ; car, aux termes de l'article 36 de la loi du 10 août 1866, l'administration des prisons peut confier à ces écoles industrielles l'éducation d'enfants détenus par ordre du juge ; en outre, le régime appliqué dans ces maisons a un caractère répressif ; les enfants peuvent être battus de verges. En cas de mauvaise conduite ou d'infraction volontaire aux règlements, l'enfant est passible d'une condamnation à un emprisonnement de 14 jours au moins et de 3 mois au plus. A l'expiration de sa peine, il peut être transféré de l'école industrielle dans une école de réforme.

Comme les enfants internés dans les écoles de réforme, ceux qui ont été placés dans les écoles industrielles, peuvent être confiés à des particuliers ou remis à leurs parents. Dans ce cas, le particulier ou les parents sont surveillés, et en cas de mauvaise éducation, les administrateurs qui ont permis la sortie de l'enfant peuvent toujours le faire rentrer à l'école en révoquant l'autorisation donnée.

Les frais d'entretien sont à la charge des parents (art. 39) ; s'ils sont pauvres, la dépense est supportée par l'administration ou la paroisse (1).

Allemagne

Les maisons spécialement destinées aux enfants trouvés sont assez rares en Allemagne; ils sont placés dans les orphelinats ou le plus souvent envoyés à la campagne chez des agriculteurs. Les frais d'entre-

(1) Théoph -Roussel, Rapports et doc. sur la protect., etc. *Off., doc. parl.*, 1883, pp. 58 et suiv.

tien des enfants pauvres sont à la charge des communes ; l'Etat n'y contribue pas.

Près de Berlin, à Rummelsburg, se trouve un établissement où sont admis cinq cents orphelins ; ils y reçoivent une instruction élémentaire et y demeurent jusqu'à treize ou quatorze ans. — Il y a encore un hospice d'enfants trouvés exclusivement privé, qui a été fondé et est entretenu par les loges maçonniques.

On trouve des établissements consacrés à l'enfance abandonnée à Hambourg, à Dantzig, à Dresde, à Elberfeld.

Dans le grand duché de Bade, les filles-mères abandonnées par le père de leur enfant, reçoivent des secours fournis en partie par la province, en partie par la commune ; c'est là une sorte de secours pour prévenir l'abandon (1).

Les enfants moralement abandonnés ont été l'objet de dispositions législatives assez récentes. La loi prussienne du 6 mai 1871 qui est devenue le Code pénal de l'empire allemand, édicte le placement dans une école de réforme de tout mineur de douze ans, ayant commis une action punissable. Cependant, l'enfant n'est enfermé dans une maison de correction que lorsque la situation des parents ou des personnes chargées de l'éducation rendent l internement indispensable pour éviter un abandon moral plus grand. Excepté ce cas, l'enfant peut être placé dans une famille (art. 1er de la loi du 14 juillet 1878). C'est le tribunal de tutelle qui fixe le régime auquel doit être soumis le mineur ; les parents sont mis en cause.

En dehors de toute action punissable, un enfant peut être enlevé à sa famille et confié à l'assistance publique. Il en est ainsi quand les parents le maltrai-

(1) *Semichon, op. cit.*, p. 189 et s. — Didierjean, *op. cit.*, p. 215 et s.

tent ou le poussent au mal ou lui refusent le nécessaire ou même négligent son éducation (L. du 14 juillet 1878). L'enfant est placé dans une famille honorable, à Berlin ou hors la ville. La surveillance des enfants habitant la campagne est confiée aux prêtres qui reçoivent comme hononaires 2 thalers par an et par enfant; ceux placés en ville sont visités par des curateurs et des curatrices *Pfleger und Pflegerinnen* qui n'ont jamais plus de 15 enfants à surveiller.

L'éducation forcée finit : 1° à l'expiration de l'âge de seize ans (elle peut être prolongée); 2° par une décision de libération.

Les frais d'entretien sont couverts par les revenus des biens personnels de l'enfant ou par les parents, tenus, comme tels, de fournir une pension alimentaire ou par les corps communaux spéciaux (commission communale des pays de Lauenburg et de Hohenzollern, cercles municipaux de Berlin et de Francfort-sur-le Mein).

Tel est le système en vigueur dans la Prusse, Brandebourg, Poméranie, Silésie, Saxe, Hanovre, Westphalie, Hesse-Nassau, etc. (1).

Etats-Unis

Il est impossible de réunir dans quelques lignes, les traits caractéristiques de l'Assistance de l'enfance aux Etats-Unis; cela tient à l'infinie variété des systèmes en usage. Les services publics d'Assistance ne sont pas réglés par une loi générale appliquée par toute la confédération : chaque Etat est libre de les organiser à sa guise, et cette autonomie entraine toujours quelques différences. Cependant, partout on réprime le vagabondage des enfants, partout, à l'imi-

(1) Roussel, Rapport précité.

tation de l'Angleterre, ont été créées des écoles de réformes pour les jeunes détenus.

En tête de la confédération marchent le Massachusets et l'Etat de New-York; après vient le Michigan; d'autres commencent à peine de se mettre à l'œuvre.

Dans le Massachusets, de 1846 à 1866, l'Etat créa des écoles industrielles et correctionnelles pour les enfants criminels et abandonnés. Ce système de réforme fut vite délaissé, parce qu'il offrait l'inconvénient d'élever quantité de jeunes enfants dans l'ignorance de bien des principes que, seule, peut enseigner la vie de famille; on le remplaça par le système suivant. On commença par fonder une agence spéciale appelée Agence d'Etat. Cette agence est représentée par un de ses membres à chaque procès où de jeunes enfants sont impliqués comme délinquants. S'il résulte des débats que l'enfant n'est point surveillé par ses parents, le juge, sur la demande de l'agent, prononce une sentence d'épreuve (a sentence of probation) qui place l'enfant sous la tutelle de l'agence; l'enfant ne quitte pas sa famille. Cet état de choses est maintenu si l'enfant se conduit bien. Si, au contraire, il ne devient pas meilleur, il est enlevé à sa famille et placé dans une autre famille présentant des garanties sérieuses au point de vue de l'honnêteté et de la moralité. Après cette seconde mesure, l'enfant rebelle qui persiste à marcher dans la mauvaise voie, est interné dans l'école de réforme, puis mis en prison.

Ce système, appliqué depuis 1869, a donné, parait-il, les meilleurs résultats. Un dixième seulement des enfants soumis à l'épreuve reparait dans l'année devant les tribunaux; passé ce délai, très peu commettent de nouvelles fautes. En 1880, il y avait 300 jeunes délinquants de moins qu'en 1870, malgré l'accroissement énorme de la population; les dépenses de l'année 1879 étaient inférieures de 52,000 dollars à celles de l'année 1869. Enfin, ce qui prouve qu'on est très satisfait de ce système, c'est qu'une loi y a soumis les adultes coupables de quelque délit.

A New-York, le système d'assistance n'est pas du tout semblable à celui du Massachusets. C'est la charité privée qui protège et secourt les enfants abandonnés; l'Etat ne fournit que des subventions. La loi fondamentale est la loi du 12 avril 1853, qui permet de soustraire à l'influence néfaste des parents, les enfants abandonnés et de les soumettre à une étroite surveillance. Ces enfants sont confiés à des sociétés privées dont les plus importantes sont le *New-York juvenile Asilum* (Asile de la jeunesse de New-York) et la *Children's aïd Society* (Société auxiliatrice des enfants). — Le New-York juvenile Asylum avaient en 1876 plus de 650 enfants des deux sexes ; il donne aux enfants une éducation primaire et industrielle et leur procure, à leur sortie, un emploi. — La société auxiliatrice des enfants a organisé des externats et des écoles industrielles pour les enfants de parents pauvres ; en même temps, elle place dans les provinces de l'ouest, chez des cultivateurs honnêtes, une quantité d'enfants sans famille ou nés de parents indignes. Le nombre des enfants ainsi soustraits au vice et à la misère, est environ de 4,000 par an. Depuis 1853, la dépense a dépassé dix millions de francs (1).

Russie.

Le service des enfants assistés, en Russie, est organisé à peu près comme en France, avec cette différence que l'État ne s'en occupe pas. Il constitue une institution spéciale dite « Institution de l'impératrice Marie », qui possède un capital de 400 millions. Les enfants sont

(1) Roussel, Rapport précité.

reçus dans deux grandes maisons situées : l'une à Moscou, l'autre à Saint-Pétersbourg. On y pratique l'admission à bureau ouvert. Deux cas se présentent : 1° l'enfant est présenté avec un extrait de baptême ; cet extrait de baptême constitue son acte de naissance ; délivré par un pope, un prêtre ou un ministre protestant, il porte le nom de la mère et celui de l'enfant. Dans ces conditions, la mère a le droit de voir, à des jours fixes, son enfant, d'être avertie du village où il a été placé et de le reprendre avant l'âge de dix ans ; 2° l'enfant n'a pas d'extrait de baptême; par conséquent, on n'a pas de renseignements sur lui ; on le reçoit néanmoins sans exiger le nom de la mère; on délivre à celle-ci un numéro.

Les enfants sont apportés de toutes les parties de la Russie. Ils sont, aussitôt que possible, envoyés à la campagne. La maison de Saint-Pétersbourg place ses enfants dans 4750 villages, formant 116 cantons et 16 circonscriptions. A la tête de chaque circonscription est placé un médecin-inspecteur assisté de tuteurs et tutrices honoraires chargés de surveiller nourrices et nourriciers. Au centre de chaque circonscription, se trouve un hôpital où sont transportés les enfants malades. En outre, dans quelques villages, ont été instituées des crèches et des garderies où les enfants peuvent être conduits par leurs nourriciers, quand ceux-ci sont obligés de quitter leur domicile.

Les enfants sont envoyés à l'école de huit à douze ans. Les mieux doués sont ensuite placés dans une école spéciale : 1° école des bonnes ; 2° école des aides-médecins, où sont reçues, chaque année, vingt jeunes filles ; 3° école normale pour instituteurs et institutrices.

L'enfant reste à la charge de l'institution : les garçons jusqu'à seize ans, les filles jusqu'à vingt-un ans. Mais, le plus souvent, ils sont adoptés par leurs nourriciers.

La maison de Moscou est organisée de la même façon (1).

La loi russe règle également le sort des enfants moralement abandonnés. Elle autorise la déchéance de la puissance paternelle, lorsque les pères et mères abusent de leurs droits et notamment quand ils exposent leurs enfants ou les livrent à la prostitution. Le tuteur est nommé par un conseil de famille.

Enfin, la Russie possède des écoles de réforme où sont envoyés les enfants coupables d'un délit, reconnus avoir agi sans discernement.

SUÈDE ET NORWÉGE.

Suède. — Le mode d'assistance qui est surtout pratiqué est le placement à la campagne. On préfère les confier à des cultivateurs que les garder dans des hospices. Les nourriciers sont surveillés par les pasteurs et par des inspecteurs.

Cependant, à Stockolm, existe une grande maison destinée aux orphelins pauvres et à ceux dont les parents sont inconnus ou détenus dans une prison. Les enfants y sont admis moyennant une somme d'argent fixée par un tarif. On y reçoit encore les enfants envoyés par les commissions d'assistance ou conduits par leur mère. Celle ci ne paie que 150 thalers, si elle consent à ce qu'une enquête soit faite sur sa situation; elle doit verser 300 thalers, si elle veut empêcher l'enquête.

L'enfant est gardé jusqu'à quatorze ans. A cet âge, s'il ne peut, à cause de sa santé, subvenir à son existence, il est secouru par sa commune.

Norvège. — Le service des enfants assistés en Nor-

(1) *Revue des Etabl. de bienf.*, 1880, p. 329. *Congrès internat. d'ass.*, t. II, p. 174 et s., *Eco. fr.*, du 25 sept. 1886. *Pand. françaises*, v° *Assist. publiq.*

wége est dirigé par des commissions spéciales dites « commissions des pauvres ».

Ce sont elles qui décident pour chaque enfant du mode de placement à employer; suivant les lieux et les circonstances, elles les placent dans les hospices ou chez des personnes recommandables. En Norwége, la caisse des pauvres peut réclamer la restitution des secours fournis par elle aux indigents qui se sont enrichis. A cette règle ne sont pas soumis les orphelins, qui, jusqu'à quinze ans révolus, reçoivent le secours, sans être sujets à le restituer.

Cette commission des pauvres exerce également une sorte de surveillance sur l'exercice de la puissance paternelle. Elle peut, sur la dénonciation qui lui est faite par une autre commission, « la Commission des écoles », enlever son enfant au père qui abuse de son autorité et le confier à un autre père de famille qui exercera la puissance paternelle.

S'il y a lieu de nommer un tuteur, le choix est fait par l'autorité tutélaire, sorte de conseil composé de membres de l'Administration locale et de membres de la famille. L'autorité tutélaire peut en outre annuler les décisions du père ou du tuteur et y substituer ses décisions; elle peut donner le consentement au mariage que refuse le tuteur ou le père (Cod. de Christian, V. 3. 19. 31.). L'autorité tutélaire est placée sous le contrôle de la Commission des pauvres et de la Commission des écoles (1).

Espagne

D'après les règlements du 6 février 1822 et du 14 mai 1852, il doit y avoir des asiles d'enfants assistés au moins au chef-lieu de chaque province. Le tour est

(1) *Cong. inter. d'ass. publiq.*, t. II, p. 115. Semichon, *op. cit.*, p. 326.

le mode d'admission généralement en usage. Les enfants sont mis en nourrice à la campagne, et, après la période d'allaitement, maintenus chez leurs nourriciers ou placés comme apprentis chez des agriculteurs ou des artisans.

Les enfants trouvés profitent de plein droit de la légitimation par rescrit du prince qui existe en Espagne. On les considère comme légitimes pour tous les effets civils sans exception (1).

Autriche

L'Etat ne s'occupe pas des enfants abandonnés; le soin de les secourir est laissé à la charité privée. L'empereur Joseph II donna l'exemple, en transformant un de ses beaux châteaux de Vienne en un asile où l'on reçoit, chaque année, 2000 enfants. Y sont admis : 1° les enfants abandonnés, tant que les parents ne sont pas découverts; 2° les enfants nés dans les maternités de femmes non mariées; 3° les enfants nés de femmes non mariées qui peuvent prouver qu'elles ont accouché en se rendant à une maternité.

Pour assurer le secret aux mères, les maternités sont ouvertes jour et nuit : On ne demande pas leur nom à celles qui s'y rendent. Cependant elles doivent l'inscrire dans un billet cacheté qu'on leur rend à leur sortie, et qui n'est ouvert qu'en cas de décès de la mère, dans l'intérêt de l'enfant et de sa famille.

L'enfant est mis en nourrice à la campagne.

Quant aux orphelins pauvres, ils sont également envoyés à la campagne ou placés dans un orphelinat : Ces établissements sont confessionnels ; ceux qui sont protestants ont été fondés par des particuliers ; ceux qui sont catholiques appartiennent aux communes (2).

(1) Lehr, *Droit civil espagnol.*
(2) Semichon, *op. cit.*, p 179 et s *Cong. int. d'ass.*, t. I, p. 533.

SUISSE

En Suisse l'assistance publique n'est pas réglée d'une façon unitaire ; chaque canton est maître de l'organiser à sa guise, ce qui entraîne une grande diversité dans la législation. D'une façon générale, il n'y a pas en Suisse d'hôpitaux d'enfants trouvés. Les enfants sont entretenus dans les hospices ordinaires ; mais le placement à la campagne est surtout employé. En 1870, la proportion des enfants confiés à des agriculteurs était de 742 pour 1000.

L'assistance à l'enfant dure jusqu'à 16 ans. A qui incombent les frais d'entretien ? La réponse varie suivant qu'il s'agit de tel ou tel canton. L'obligation d'assistance incombe en première ligne à la famille (1). Si la famille est indigente, elle passe à la commune, et à son défaut, dans certains cantons, au district. Dans quelques cantons, qui admettent l'obligation à l'assistance, c'est l'Etat qui secourt, à défaut de la famille, de la commune et du district.

Les enfants sont placés sous la tutelle et la surveillance des autorités.

Les développements qui précèdent ont trait seulement à l'assistance officielle ; nous devons dire que l'assistance libre est très développée en Suisse (2). Les Etablissements privés ont divers caractères. Certains sont de véritables maisons de réforme où on ne reçoit que des enfants vicieux. Dans tous, on apprend aux garçons l'agriculture et les divers métiers, et on initie

(1) La recherche de la paternité est permise en Suisse.

(2) Genève, qui avait un hospice d'enfants trouvés pendant sa réunion à la France, l'a supprimé depuis ; mais les institutions privées sous le contrôle de l'Etat ou en dehors de lui, y sont nombreuses ; la plus importante est l'orphelinat pour les enfants des deux sexes.

les filles aux travaux des champs, aux soins du ménage, ainsi qu'à la couture, au repassage, etc., etc...

Dans presque tous les cantons, l'enfant est protégé contre l'abus de la puissance paternelle.

Zurich, Berne, Lucerne, Unterwald (Obwald), Soleure, Bâle-ville, Bâle-campagne, Valais, Vaud prononcent la déchéance des parents.

Schwytz, Unterwald (Nidwald). Appenzell (Rh. ext) nomment un tuteur aux enfants sans édicter de déchéance.

Appenzel (Rh. int.) place les enfants dans une maison d'orphelins (1).

Belgique

Le service des enfants assistés est encore régi en Belgique par le décret du 19 janvier 1811 (2). Cependant il a été modifié sur plusieurs points. C'est ainsi que les tours qui existaient dans presque tous les hospices ont été supprimés en 1850; le dernier, celui d'Anvers, fut fermé en 1860. Le seul mode d'admission en usage est le bureau d'admission; les enfants sont envoyés à la campagne.

Au point de vue financier, le service est régi par les lois du 30 juillet 1831 et du 14 mars 1876. S'il s'agit d'un enfant dont les parents sont inconnus, les frais d'entretien se divisent par parts égales entre la commune où l'enfant a été trouvé, l'Etat, la province et les hospices et bureaux de bienfaisance de la commune (art. 19). La même règle s'applique pour les enfants abandonnés et les orphelins dont on ne peut

(1) Rapports, notes, etc., par doct. Roussel. — *Cong. intern.*, p. 420, t. Ier.

(2) La Belgique à cette date était réunie à la France, et tous les actes législatifs faits par le gouvernement français lui étaient applicables.

déterminer le domicile de secours. — S'il s'agit d'un enfant dont les parents sont connus, il est à la charge de la commune où est placé son domicile de secours.

Les secours à domicile sont aussi employés en Belgique depuis 1874.

La Belgique n'a encore rien fait pour protéger les enfants moralement abandonnés. Un projet de loi a été déposé le 10 août 1889 qui reproduit à peu près les dispositions de la loi du 24 juillet 1889 (1).

HOLLANDE

Il est de principe, en Hollande, que l'Etat n'intervient que dans les cas urgents; l'assistance des pauvres est abandonnée aux institutions privées; il en résulte que l'assistance officielle est tout à fait bornée. Il en est ainsi parce que la bienfaisance privée est très développée; la charité est largement pratiquée et bien organisée. Pour les enfants abandonnés et orphelins seulement, il y a environ 270 asiles avec une population de 13,000 enfants. Non seulement on les nourrit jusqu'à un âge qui varie entre dix-huit et vingt-trois ans, mais encore on leur apprend un métier; on en fait des ouvriers et des domestiques intelligents.

La Hollande, qui avait adopté notre Code pénal, l'a réformé en ce qui concerne la puissance paternelle. Le Code pénal du 3 mars 1881 édicte de nouveaux cas de déchéance (2). Le tuteur des enfants dont le père est déchu est nommé conformément au droit commun (3).

(1) Semichon, *op. cit.*, p. 171. Rapport Roussel, Saumade, *Les enf. maltr. ou moral. aband.*, thèse.

(2) Art. 28, 237, 251 Code pén. Holl. traduct Willen Wintgens.

(3) Rapport du doct. Roussel.

Italie

Les hospices d'enfants trouvés sont nombreux en Italie; les papes, qui se sont toujours occupés des enfants, ont créé en leur faveur d'importantes institutions de bienfaisance. En outre de maisons spécialement destinées aux enfants trouvés, il y a des asiles pour les orphelins pauvres, des conservatoires pour les jeunes filles qui ne trouvent pas à se marier ou se pourvoir autrement et pour les jeunes garçons qui ne sont pas adoptés par leurs nourriciers. Les règles auxquelles sont soumis les hospices sont à peu près partout les mêmes. Le mode d'admission est le tour : cependant il tend de plus en plus à disparaître et est remplacé par le bureau d'admission. Les hospices n'ouvrent pas seulement leurs portes aux enfants trouvés et aux enfants illégitimes, mais aussi aux enfants légitimes que les parents ne peuvent nourrir. Les enfants abandonnés sont envoyés à la campagne ; ils ne peuvent être ramenés à l'hospice qu'en cas d'infirmités ou de maladies. Les principaux hospices d'enfants trouvés sont : à Rome, l'hôpital du Saint-Esprit en Saxe, le plus ancien de tous; à Naples, l'hôpital de l'Annunziata ; à Florence, l'hôpital *degli Innocenti ;* à Milan, l'hôpital de Sainte-Catherine ; à Venise, le grand hôpital Saint-Jean et Saint-Paul ; à Gênes, l'*Albergo dei Poveri*, destiné aux orphelins et aux enfants de parents pauvres et le *Pammatone* où sont reçus les enfants trouvés.

Turin possède aussi un grand hôpital pour les enfants trouvés; mais, comme en France, on s'efforce d'empêcher l'abandon par la distribution de secours à domicile. Ces secours ne sont accordés qu'aux enfants reconnus par leur mère et seulement jusqu'à l'âge de trois ans (1).

(1) Semichon, *op. cit.*, p. 159 et ss.

Le Code italien protège les enfants légitimes vis-à-vis de leurs parents, en cas d'abus de la puissance paternelle. L'article 221 dit que « l'enfant peut être éloigné par de justes motifs de la maison paternelle. Le président du tribunal, sur la demande des parents et du ministère public, après informations prises, sans formalités judiciaires, y pourvoira de la manière la plus commode, par une ordonnance non motivée. » L'article 233 décide « que si le père ou la mère abusent de l'autorité paternelle, par la violation ou la négligence de leurs devoirs, ou par une mauvaise administration des biens de l'enfant, le tribunal, sur la demande des parents les plus proches ou même du ministère public, peut nommer un tuteur à la personne de l'enfant et un curateur à ses biens, et priver les père et mère de leur usufruit en tout ou en partie, ou enfin prescrire toute mesure qu'il jugera convenable dans l'intérêt de l'enfant. »

Ainsi les père et mère exercent leur autorité sous la double surveillance des parents les plus proches et du ministère public. En cas d'abus, leur déchéance peut être prononcée; l'enfant est alors confié à un tuteur dont les actes sont également contrôlés par la famille et par le ministère public (1).

(1) *Congr. d'assist. publiq.*, t. II, p. 114.

POSITIONS

DROIT ROMAIN

I. — L'infantia durait jusqu'à sept ans.

II. — La fille de famille fut à toute époque incapable de s'obliger.

III. — Les mots *salva rerum substantia*, dans la définition de l'usufruit aux Institutes, signifient que la chose, objet du droit, doit conserver sa manière d'être, son état primitif.

IV. — Sous Justinien, le droit d'usufruit s'éteint par le non usage.

DROIT CIVIL

I. — La dissolution du mariage date seulement de la transcription du jugement de divorce sur les registres de l'état-civil.

II. — Le tuteur de l'interdit judiciaire ne peut demander le divorce au nom du pupille.

III. — Un jugement qui attribue la qualité d'héritier pur et simple à un successible, ne peut avoir force de chose jugée qu'entre les parties en cause; il ne dépouille pas le successible de la faculté de renoncer à la succession ou de ne l'accepter que sous bénéfice d'inventaire, vis-à-vis des autres créanciers.

IV. — Un créancier ne peut agir en vertu de l'article 1166 que si sa créance est exigible.

DROIT COMMERCIAL

I. — Le tiré qui a accepté la lettre de change est présumé, vis-à-vis du tireur, avoir reçu provision ; mais il peut combattre cette présomption par la preuve contraire.

II. — L'aval donné sur un billet à ordre soumet la personne dont il émane à la solidarité avec le débiteur principal, quelle que soit la nature de l'obligation civile ou commerciale.

DROIT PÉNAL

La loi du 24 juillet 1889 n'a pas enlevé aux tribunaux la faculté de priver les pères ou mères d'un ou plusieurs des droits constitutifs de la puissance paternelle.

PROCÉDURE CIVILE

La compétence du juge est déterminée, non par l'exploit d'ajournement, mais par les conclusions d'audience.

Vu par le Président de la thèse,
Toulouse, le 17 janvier 1895.
H. DESPIAU

Vu par le Doyen de la Faculté de Droit,
Toulouse, le 18 janvier 1895.
J. PAGET

Vu et permis d'imprimer :
Toulouse, le 22 janvier 1895.
Le Recteur de l'Académie,
PERROUD

TABLE DES MATIÈRES

DROIT ROMAIN

DROIT FRANÇAIS

Des Enfants assistés.

TROISIÈME PARTIE

QUATRIÈME PARTIE

Des enfants maltraités ou moralement abandonnés.

CINQUIÈME PARTIE

Assistance de l'enfance dans quelques pays étrangers.

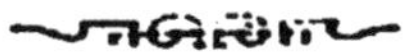

Toulouse — Imprimerie Saint-Cyprien

www.ingramcontent.com/pod-product-compliance
Ingram Content Group UK Ltd.
Pitfield, Milton Keynes, MK11 3LW, UK
UKHW022042190726
13855UKWH00002B/388